[英国] 保罗·巴恩 著　覃方明 译

考古学的过去与未来

牛津通识读本·

Archaeology

A Very Short Introduction

译林出版社

图书在版编目（CIP）数据

考古学的过去与未来／（英）巴恩（Bahn, P.）著；覃方明译．—
南京：译林出版社，2013.5（2024.2重印）
（牛津通识读本）
书名原文：Archaeology: A Very Short Introduction
ISBN 978-7-5447-3268-0

Ⅰ.①考… Ⅱ.①巴… ②覃… Ⅲ.①考古学 Ⅳ.①K85

中国版本图书馆 CIP 数据核字（2012）第 219806 号

考古学的过去与未来 ［英国］保罗·巴恩／著 覃方明／译

特约编辑 林 馨
责任编辑 於 梅
责任印制 董 虎

原文出版 Oxford University Press, 1996
出版发行 译林出版社
地 址 南京市湖南路 1 号 A 楼
邮 箱 yilin@yilin.com
网 址 www.yilin.com
市场热线 025-86633278
排 版 南京展望文化发展有限公司
印 刷 江苏凤凰通达印刷有限公司
开 本 890 毫米 × 1260 毫米 1/32
印 张 7.625
插 页 4
版 次 2013 年 5 月第 1 版
印 次 2024 年 2 月第 10 次印刷
书 号 ISBN 978-7-5447-3268-0
定 价 39.00 元

序言

梁白泉

马克思在讲到一般意识形态和德国哲学时说:“我们仅仅知道一门唯一的科学,即历史科学。历史可以从两方面来考察,可以把它划分为自然史和人类史。”说到历史,我们首先想到的是人类自身的历史。

什么是我们自身的历史?一般将其理解为以文字记录的历史文献。可是,无论中外,自古以来就有人对此持怀疑的态度。

“疑”字多义。《诗·大雅·桑柔》:“靡所止疑”,毛传“疑,定也”;《仪礼·士相见礼》:“凡燕见于君,必辨君之南面,若不得,则正方不疑君”,注“疑,度也”;《逸周书·王佩解》:“时至而疑”,注“疑,犹豫不果也”;《说文解字》:“疑,惑也”,“惑,乱也”;宋《广韵》:“疑,恐也”、“不定也”。

《后汉书·桓谭传》:“数从刘歆,扬雄辨析疑异”;《曹褒传》:“互生疑异,笔不得下”;《郑玄传》:“闻玄善算,乃召见于楼上,玄因从质诸疑义”;陶渊明《移居》中的名句:“奇文共欣赏,疑义相与析”。

南宋朱熹在《近思录·致知》中指出:“学者先要会疑”;近代胡适也提到,“做学问要在不疑处有疑”。

在西方,17世纪的笛卡尔(René Descartes,1596—1650)认为

以怀疑方法可以找到不容置疑的真理，对“怀疑论”(skepticism)的影响很大。

历史是什么？从认识论出发，当今的史学家如詹京斯(Keith Jenkins, 1943—)等，大力鼓吹“后现代”(postmodern)史学。后现代史学家的观点有：历史是“一门科学或一门艺术”，“历史可说是一种语言的虚构物”，“其内容为杜撰的与发现的参半”。人们因而要问：历史在多大的程度上是可信的呢？

今天，我们历史学的工作者习惯于把历史学的组成分为三个基本部分：一是历史文献，如我们的《二十四史》、《二十五史》等等；二是民族学(ethnology)、民族志(ethnography)，特别是15世纪以来葡萄牙、西班牙、荷兰、法国、英国等西方殖民国家在世界各地调查、记录下来的那些原始土著居民的现状和知识，如摩尔根(L.H.Morgan, 1818—1881)的《古代社会》等等；三是18世纪中叶以来因发掘意大利庞贝古城、埃及陵墓、美索不达米亚和小亚细亚遗址而建立起来的考古学，其中著作很多，举不胜举，例如柴尔德(V.G.Childe, 1892—1957)的《青铜时代》、《工具发展小史》等等。

关于历史文献，人们大多深信不疑。因为列强侵略，西方思潮涌入，学者反躬自省，对古文献的价值产生怀疑。近代梁启超指出：《二十四史》不过是一部“帝王家谱”，是帝王家族的“相斫书”。上世纪30年代，以胡适、顾颉刚、钱玄同等学者为首的“古史辨派”曾对我们的古史全面质疑。冯友兰又提出“信古、疑古、释古”三阶段的历史划分。

西方16世纪启蒙思想家、怀疑论研究者蒙田(Michel de Montaigne, 1533—1592)告诫人们，不要“知之最少，信之弥笃”。

克罗齐(B. Croce, 1866—1952)指出“一切历史都是当代史”，意思是说一切历史都必须从当代出发，历史总是后人或别人的论述，只反映了后人或别人的历史观。

英国古典学者、历史学家伯里（J. B. Bury, 1861—1927）提出了严厉而苛刻的要求：“历史是一种科学——一点不多也一点不少。”

于是詹京斯在他的《历史的再思考》一书中感叹“我们永远无法真正知道过去。”

民族学记录的原始民族或处于母系或父系社会，或处于奴隶制或农奴制社会。民族学家说：他们或多或少地证明了今天先进民族曾经经历过的历史阶段。但这只是推测，只是可能，只是“例子”，而不是“证据”。列宁（V. Lenin, 1870—1924）说过：“例子不是证据”，例子只是类似的可资比较的东西，证据是事物的全体或局部。

看来，只有考古学，由于遗址、遗迹、遗物的直观性，具体性，原生性和生态性，才能比较好地帮助我们认识“历史”。考古学并非万能。第一，由于自然、人为的原因，先人的遗存已经大量消失，仅存者难以展示他们生存的全貌；第二，它需要多学科的专家参与进来，共同认识和解读；第三，正如我们认识、解读古代文献一样，存在着类似“六经注我”还是“我注六经”的问题，做到完全的客观和准确仍是非常困难的。

我国的考古学从西方输入，百年来成果辉煌，证明了我们的古史基本可信，我们仍然需要继续引进西方的成果。

本书作者保罗·巴恩（Paul Bahn）是英国著名考古学家、翻译家和考古节目主持人，1979年获剑桥大学考古学博士学位，发表论著四百多篇，出版专著八部，其中部分被列入大学考古专业的参考书目。他善于把高深、艰涩的学术概念用通俗、活泼、有趣的文字表达出来。他说:“如果考古学不能给人们带来快乐,那它就一钱不值。”在今天这个繁忙喧嚣的社会中,这非常符合读者的需要。不少诺贝尔奖的获得者都强调学习要尽量与兴趣相结合,且要持之以恒。本书为你打开了一扇古老的门,请你不要轻易将此门关上。

希望本书的阅读过程能够给你带来快乐!

献给安、斯蒂夫、詹姆斯和菲利普

目录

前言

在恰好四十年前，维里·戈登·柴尔德——20世纪最杰出的史前考古学家之一，也是这一领域行为最乖僻的人物之一——出版了一本名为《考古学》的入门小书。本书并没有要与它比肩的抱负，只是在篇幅上更为简短罢了。

确实，这本小书只想通过提供考古学领域的某些基础知识来引起读者的兴趣，希望他们会受到激励去更深入地钻研考古学中的那些丰富的文献，去进行某种研究或实地发掘，或者，对学生而言，去选择考古学作为自己的大学课程。在这样一门课程结束后，甚至在获得了博士学位之后，你都可能找不到工作。但是，在现在这样的年代里，甚至像金融这样的"安全"领域也不能保证让你得到一份谋生的工作，所以你也许应当在可能的时候去尽可能地享受自己的生活，并且——正如已故的格林·丹尼尔常常强调的——如果考古学不能给人们带来快乐，那它就一钱不值。无疑你可能要去搬运与筛滤许多泥沙，记住某些烦人的日期，难为你的舌头去学说毫无意义的方言土语，并且试图去掌握那犹如相扑一样彼此冲突的理论。但与此同时，你也将被带入这样一个世界，其中有着艺术与器物、庙宇与工具、陵墓与宝藏、失踪的城市与神秘的手稿、木乃伊与猛犸……虽然这类东西被纯正癖者贬斥为现代考古学中庸俗而不具代表性的副产品，但如果一个年轻人开始不是被这门学科那激动人心或与众不同的特质所吸引而投身其中，那才真叫奇怪呢。

无论在世界上的哪个国家里，如果你去问有教养的公众中的一员，让他说出一位活着的考古学家，我敢打赌，他们中极可能没有人能够举出一位来，除了那位虚构的人物印第安那·琼斯[①]。这就是好莱坞的威力，这就是今天考古学默默无闻的现状。往昔的伟大人物都已逝去了——我们也许将再也看不到他们的同类了，但是一支由略微有些怪癖的、富有献身精神的专家和业余爱好者组成的大军正在地球上勤奋地工作，试图去理解往昔的意义。你也可以加入他们的行列，这本书将帮助你判定你是否适合从事这项工作。如果你要成为一位专业的考古学

图中文字意为：(左) 赫伯特·弗卢姆爵士 古物收藏者协会会员 1873—1968 (右) “昔日的伟大考古学家”发掘

① 美国影片《夺宝奇兵》中的主人公。——本书注释均由译者所加，以下不再一一说明。

家,那么你有三条基本的途径:学习考古学方面的大学课程,学习博物馆研究的课程,或是在地区单位或(在美国)在文化资源管理部门中找一份工作,以获得实践经验。你也许永远也成不了伟大的考古学家,但如果你不能做好某件事,那就学着从做坏某件事中获得享受吧。

噢,而且别指望发财。

导 言

很少有什么嗜好会像研究史前考古学那样使人变得如此健康而贤明。

《泰晤士报》,1924年1月18日

约翰·温德汉姆在《神秘的人》这本他较少为人所知的早期小说里,让他所写的一个角色说:“他是个考……考……总之他挖掘那些对任何人都没什么好处的东西。”这确实是对考古学家所干的事情的一种偏激然而传播广泛的观点。而在另一极端,人们又对考古学赞叹不已,就像卡斯滕·尼布尔所说的,“那些唤回已经消逝的事物,使它们重见天日的人享有着犹如造物般的狂喜”——确实有些考古学家对他们的“创造”感到非常骄傲,以至于他们认为自己在许多方面与上帝十分相似。

对一般公众来说,考古学往往与发掘同义,就好像这是这一领域的工作者成年累月所从事的唯一工作。在英国的讽刺杂志《私家侦探》中,所有的考古学家都被不假思索地描绘成“身处于洞穴之中长胡子的人”。卡通片通常将考古学家描绘成执拗顽固的老古板,身上披满了蜘蛛网,对陈旧的骨头与破碎的碗碟如痴如醉。当然,所有这些都是完全准确的,但这些只反映了这一领域的很小一部分。例如,有些考古学家从未进行过发掘,而只有非常少的考古学家把他们的大部分时间花费在发掘上。

那么考古学究竟**是**什么呢?考古学(archaeology)这个词来自希腊文(arkhaiologia,"论述古代的事物"),但在今天,它已经转变成意指通过遗存下来的人类过去的物质遗迹而对人类过去进行的研究。在这里"**人类**过去"这一词汇需要加以强调,因为考古学家**并不**研究恐龙或是岩石本身,这与公众的观念相反。这种误解之所以产生是因为燧石与拉奎尔·韦尔奇①穿着令人难忘的毛皮比基尼。恐龙与岩石是古生物学家与地理学家的研究领域。在最早的人类开始进化之前的几千万年,恐龙就已经灭绝了。

考古学真正开始于最早的、可以识别的"器物"(工具)出现之时——就现有的证据看来,这是大约二百五十万年前在东非出现的——并一直延续到今天。昨天你扔在垃圾箱里的东西,不论多么无用、可厌或是可能令人难堪,现在都已成为了新近考古学记录的一部分。虽然大部分考古学家研究遥远的过去(在时间上回溯几世纪或几千年),但有日益增多的学者转而研究有文字历史的时期,甚至研究相当晚近的现象。例如内华达州的核试验基地、极地探险者的棚屋,甚至纳粹的地堡与柏林墙最近都吸引了考古学家的注意!

在16世纪末叶,威廉·卡姆登(第一位伟大的英国文物学者)曾经将对文物的研究描述为一种"回头看的好奇心"——换言之,是一种要了解过去的欲望。许多投身这一学科的人确实都是不折不扣的好奇者。这是一个像磁铁一样吸引着行为古怪

① 一部影片中的角色。

的人的学科，但它那广阔的领域又使它人人皆宜。羞涩而孤独的性格内向者会在此得到满足，他们把自己关在尘封已久的房间里，摆弄着旧钱币或是器皿或石头的碎片，而急躁活跃的性格外向者可以在野外长期地工作，四周围绕着一大群异常热情的人。

考古学的乐趣之一就是整个世界都是你的盘中餐，只要你能够筹集到资金开始工作。你可以选择任何地点、任何时期作为研究对象，这里总会有某个考古学方面的问题有待解决：不论是在茂密的丛林中，还是在幽深的洞穴里，不论是在如火的沙漠里，还是在冰封的山岭上；你也无须被限定在陆地上——如果你有这样的爱好，你可以成为一名水下考古学家或是空中摄影师。由于考古学包容了我们历史的全部，所以可以在从远古人类到中世纪或工业化时期的整个范围内进行选择，你可以研究最粗糙的石器工具，它们仅仅与天然石料有着微小的差别；你也可以去分析卫星照片，以确定考古遗址的年代。在这里，你可以做任何事情。

你可以选择去进行集中发掘，也可以去进行广泛的表面探测。你可以把时间花费在整理不同类型的器物上，也可以把时间花费在最抽象的理论概括上，去告诉人们他们错在哪里，为何他们不正确。你可以把时间花在图书馆里或是实验室里。你可以在博物馆里或是地区考古单位里工作，把你的生命奉献给教学或是创造性的研究(有少数人甚至同时兼顾两者)，或者你可以待在“职业”圈之外，被打上“业余爱好者”或是“业余考古学家”的标记。多年以来，“业余爱好者”曾经对考古学做出过重大的贡献，并且还在继续做出这种贡献——虽然学院的象牙塔中的职业学者常常对他们摆出一副屈尊俯就的样子，并且常常对他们报以冷嘲热讽。实际上，许多“业余爱好者”可能比“职业人士”要渊博得多，也比那些只把考古学视为一种职业或是一种谋生手段的人更富于献身精神。考古学燃起了他们的激情，占去了他们的周末与每一点空闲时间。当然，这可能扯得太远了。没有什么是比职业人士或是业余爱好者更糟、更令人厌烦的了。对他们来说，考古学是一种吞噬一切的、无法摆脱的痴迷。树立这样一种观念有助于正确地看待这一学科，并且提醒我们自己，我们只不过是在死人的遗物上嗅来嗅去并试图去猜出他们如何生活罢了。

如果你梦想着从事一种相当活跃或奇异的工作，而又不愿意(或没有这种能力或资金)进行发掘或探测，那也还有充足的其他选择：例如，试验考古学或“人种考古学”(见译文第28至29页)或岩石艺术研究。你可以待在自己的扶手椅里，或者周游世界，在这两种情况下，你都可以实践你的语言技能。你可能需要去研究野生动物的行为与习性，或是农耕的雏形；你可能发现向他人请教很有用，你会去向那些诸如琢石、木工、造船或制陶等传统工艺方面的专家请教，或是向那些在航海或天文学方面有专长的人请教。换言之，从事考古学就好像是同时在上整整一组夜校的课程。

可能性的范围是无穷的，所以毫无疑问这本小书远远无法穷尽这些可能性。它只能对今日考古学所关注的几个主要领域投以匆匆的一瞥，以吊起你的胃口，并激发起你的好奇心，让你自己去回头看看。

不论他们的专业领域是什么，大多数考古学家需要充分具备的品质之一就是乐观——他们坚信可以只依据过去的物质遗存就能说出关于过去的有意义的命题。他们所面对的基本问题是，过去所发生的所有事件中只有极少的证据幸存下来。在这些幸存下来的证据中，只有极小的一部分被考古学家发掘了出来，而其中更小的一部分得到了正确的解释。但是，不要让这一点使你分心——相反，大多数人恰恰利用了这一点：有些人花时间设计方案，填补证据中存在的缺漏，以产生阶段或类型的连续性；其他人则干脆无视某些资料糟糕与不具代表性的现实，不顾一切地用它们来炮制有关往日的故事。正如哈佛的生物学家斯蒂芬·杰伊·古尔德所写的，“如此之多的科学在通过讲故事而取得进展——在最好的意义上，故事仍然只是故事。想一想关于人类进化的传统图景——关于狩猎、营火、洞穴、仪式、制造工具、年华渐逝、争斗与死亡的故事。这里面有多少是基于遗骨与器物的，又有多少是基于文学的准则的?”

图中文字意为：“只有你和我留下来了，上校!”

你也许认为从事历史考古学会更为保险，但决非如此。当然我们对于这些文化的某些方面知道得更多，因为它们留下了文字记录，但是所有历史学家都知道你仍然不得不把偏见与错误考虑在内。例如，所有关于卡斯特在大角羊之战惨败的残存文件与目击者的描述都有着实质性的不同，不仅是在有关发生了什么与如何发生上的不同，而且甚至在诸如每一方的人数这样的基本方面也不同，而这是发生在1876年的事件。正如A.J.P.泰勒所说，历史不是事件的目录而是对事件的看法。

当然，你也可能在考古学家的行列里找到悲观主义者——他们相信他们所研究的废品毫无用处，并且，在某种意义上，他们自己也是同样地毫无用处。不可否认，考古学是一门"奢侈的"学科，它常常需要证明自身存在的价值（见译文第94页），但是同时公众中的大多数人认为它迷人又有趣，正像考古节目居高不下的电视收视率(特别是在涉及埃及的时候)所表明的那样，而且考古学对于世界旅游业做出了难以估量的巨大贡献（见译文第95页）。

从更为个人的角度来看，考古学是一门让你能够尽情享受自己工作的学科，通过它，你可以遇到或密切接触到全球许多友好的和志趣相投的人，特别是在国际会议上。反过来说，占山为王、怨毒、暗算与邪恶的内部斗争的程度由于某种原因也比在其他学科中通常所遇到的要严重得多。如果你计划进入这一领域，你就需要一张犀牛那样坚硬厚实的皮。不可避免地，有一些考古学家浮夸自负、虚伪、不诚实、自命不凡、自我吹嘘、寡廉鲜耻，然而这些并不会妨碍他们在事业上获得成功。实际上情况恰恰相反。(天哪，我不能在这里举出某些例子，虽然我很想这样做，但是他们自己知道他们是什么样的人。)

所以，总而言之，考古学就像是一座最为宽敞的教堂，总能为每一个人提供某些东西，也总是欢迎每一个人——甚至特别包括不合时宜的人、木讷朴直的人与受到社会挑战的人，他们发现研究考古学比在互联网上漫游与冲浪更令人满足。

因为没人**知道**在过去发生了什么(包括最近的有文字记载的历史)，所以考古学的研究将永远也不会终结。理论将会轮番出现与消失，新的遗迹或发现将改变已为人们广泛接受的虚构故事，这些虚构构成了有关过去的正统观点，并且通过大规模的重复与广泛的传布而为人所接受，从而逐渐被确立下来。正如马克斯·普朗克所写的："科学真理并不通过使对手信服与使其看到理性之光而取得胜利，而只能因对手死亡，因熟悉这一真理的新一代成长起来而取得胜利。"

考古学是一种终生的探索，永远也不会真正有一个结果；它是一次无尽的旅行，没有真正的终点。一切都是尝试性的，没有什么是最终的定论。

为了免得让上述议论听起来像充满偏见的琐事，让我们安下心来相信考古学仍然充满了无穷的乐趣，并且可能是非常激动人心的，像冰人与兵马俑这样真正超越常规的发现可以吸引整个世界的目光。很少有其他学科能够这样夸口。

第一章

考古学的起源与发展

考古学就像怀旧一样，不是过去的样子了，那么它来自何方?“对考古学的考古学”是什么?

大多数人都对过去怀有某种兴趣。确实，这种兴趣再加上下述事实——我们知道我们将会死亡与我们是唯一有能力摧毁我们星球的生物——也许是人类区别于其他生物的特征之一。似乎人类总是对他们祖先遗留下来的遗迹感到好奇——尽管开始时间已无从考证，但是有许多实例表明，古代文化似乎已经在收集或者甚至在崇拜更古老的物品：例如，在公元5世纪，巴尔干的一位色雷斯公主在她的陵墓中就拥有一份石器时代的石斧收藏。在北美，公元15世纪与16世纪的易洛魁人遗址中也有着几千年前的人造器物；而在南美，据说印加帝国的皇帝们曾经收集了莫切文化的富丽堂皇的绘有色情图案的陶器，这些陶器在当时已是若干世纪之前的古董了。

现在已知的最早的“考古学家”是巴比伦国王纳布尼都斯，他在公元前6世纪发掘了一座庙宇，一直挖掘到一块数千年前安放下去的奠基石。在D.W.格里菲斯于1916年拍摄的默片《党同伐异》中，有一个场景有如下字幕：“这天对贝尔沙撒的父亲来说是一个喜庆的日子。他发掘出了纳拉姆-辛神庙的奠基石，这座神庙是三千二百年前建造的。偶然间,他察觉到波斯人居鲁士,巴比伦最强大的敌人,正在靠近这座城市。”这表明甚至考古学最早期的开拓者们也深深地迷恋他们的专业并且常常会达到物我两忘的境界。

昔时“考古学家”的含义与今日大不相同。实际上,在希腊,在公元后最初的几个世纪里,“考古学家”这个词指的是一类演员,他们用戏剧性的摹拟表演在舞台上再现古代的传奇!今天所理解的“考古学”这一词语是由17世纪里昂的一位医生兼古物学者雅克·斯蓬重新创造出来的。他也提出了archaeography①这个词语,但这个词像掉在石头地面上的陶器一样摔得粉碎。

在罗马时代,尤里乌斯·凯撒的战士发现了许多伟大的古代坟墓,当时他们正在意大利与希腊建立殖民地;他们从这些坟墓中劫夺陶器和青铜器,这些东西在罗马可以卖到很高的价钱,这是早期的盗墓与古物买卖的一个实例。据史学家苏维托尼乌斯所说,甚至奥古斯都大帝也曾经收集“已经灭绝的海洋与陆地怪兽的巨大遗骨(它们通常被称为‘巨人之骨’)与古代英雄们的武器”。

到中世纪时,欧洲人逐渐为“奇妙的陶罐”所吸引,那些陶器(可能是骨灰瓮)由于自然侵蚀或是穴居动物的活动而神秘地从地下显现出来。与此同时,人工制造的燧石与打磨光滑的石斧也经常由于农夫耕耘土地而重见天日。根据普遍的看法,这些器物是精灵的弹丸或是雷霆弩箭,但实际上,它们为甚至远在非洲和印度的人们所崇拜与收藏,并常常被他们用作护身符或符咒。在欧洲,许多器物被人们收藏在“古玩柜橱”内,早期

① archaeography和archaeology都是斯蓬创造出来表示“考古学”一意的词语,现行的是后者。

的文物爱好者将自然的与人工的物品收集在一起，头脑更开明的人慢慢地认识到，这些“雷霆弩箭”与“奇妙的陶罐”实际上是古代人类的人造遗物。与此同时，古希腊和古罗马雕塑的发现鼓舞了当代艺术家去研究古典时期的形式，而富有的家庭则开始收集与展出古典时期的文物。

正是在16世纪，在西北欧，有些学者开始真正质疑弗兰西斯·培根的论点，即“大部分远古的时代(除了保留在手稿中的那一部分)都已湮没在沉默与忘却之中”。这些学者认识到有关远古的过去的信息有可能来自对野外遗迹的研究。整整一大队不列颠、斯堪的纳维亚和其他地方的文物学者出发去走访与描述这些遗迹。在17世纪和18世纪，伴随着日益增加的发掘量，这些活动演变为一种更系统化的兴趣。虽然大多数挖掘仅仅是为了重新获得来自地下的物品，但有少数开拓者将这项工作当作细致的解剖，他们注意到器物与不同土壤层之间的关系，并且认识到，总体来说，来自上层土壤的物品必定比来自下层土壤的物品年代更近。

这种新的追问方法与读解土地和地形的方法就像一纸公文，引发了挖掘古冢的疯狂浪潮——发掘西北欧或北美的墓葬山丘。这在过去首先是绅士、牧师、医生、商人和教师等的闲暇消遣，甚至在今天，从事这些职业的人也对“业余”考古学做出了十分可贵的贡献。

确实直到19世纪早期至中期的时候，考古学才取代了古物研究而盛行起来，这是在渴望更系统、更科学地了解过去遗存的意义上说的。正是在这一时期，由于在西欧发现了石器工具与现已灭绝的动物之间的联系，人类的远古状况才被首次证实并最终得到了普遍接受。到19世纪末叶，真正的考古学已经是

泰勒斯低地的挖掘现场，韦顿，1845年5月。

一项蓬勃兴旺的事业，许多“伟人”在勤奋地工作——比特里在埃及，考尔德威在巴比伦，谢里曼在爱琴海，彼特-瑞弗斯在不列颠。对这些开拓者中的大多数来说（也许要除去那位圆滑世故、说谎捏造的谢里曼），考古不再是对宝藏的追寻，而是对信息的探寻与解答特定问题的手段。

20世纪，由于整整一群主要人物的努力（诸如惠勒在不列颠和印度，赖斯纳和伍莱在近东，尤尔和基德尔在美洲，鲍德斯和勒罗-高汉在法国），考古学成为了一项基础雄厚的、多学科的事业，汇集了无数个领域的专家——从地球物理学家（他们可以借助一系列装置来探测地表以下的东西）和空中摄影师到动物学家、植物学家、化学家、遗传学家和所有其他领域的科学家，他们能够从考古得到的物质中或从包裹这些物质的沉积物中确定年代（见译文第17页）。

随着时间的推移，迄今为止，考古学有两个主要的趋势。第一，发掘已经变得比原来缓慢得多，也更加艰苦。过去人们用鹤嘴镐挖掘（或者甚至用炸药爆破!）考古地层，而现在，每一地层都被细致地铲起、粉碎或者刷去，然后每样东西都要过筛，这样才不会遗失土壤里可能包含的任何一点儿信息。例如，在西班牙阿塔普尔卡的“遗骨之穴”这个岩洞深处的密室里，藏有许多至少有二十万年的骷髅（实际上，这好像是世界上已知的最古老的葬礼仪式——见译文第44页），发掘者每年的7月只移去大约十英寸的泥土。这里已经发掘出了大约三百具人类骸骨，这就是发掘者们可以摆弄的全部东西。因为每一具都必须小心地加以清洗、加固与保存，这项工作进行得难以置信地细致，连留下的沉积物都要清洗与过筛，所以甚至连内耳的微小骨骼也被发现了。

第二个主要的趋势是，我们不仅获得了数量急剧增长的各种类型的材料，而且——由于新技术与新的科学分析方法的发展——我们现在可以从每件器物上获得多得多的信息，这一点颇有讽刺意味。例如，拿一块陶瓷碎片来说（这是陶器上的碎片，属于最耐久因而也是最普遍存在的考古遗存类型），过去，一块碎片只能简单地依据其形状、材料与装饰（如果有的话）而被归为某一种类型。但是现在，你可以获得对它的原料的详尽分析，从而使你能够确定这些原料的来源；你还可以获知它是在什么温度下烧制的，以及它是用什么材料烧制的；陶器自身可以用热致发光技术来确定其年代（见译文第23页），而其他的方法可以被用来分析其内部表面上沉淀物的最不明显的痕迹，从而告诉我们它原来是用来盛放什么东西的！

换句话说，随着考古学的发展，它正在用比原来少得多的材料来做比原来多得多的事情。天哪，它在每一种意义上都在生产着比原来多得多的东西。全世界的考古学家的数量正在不断地增长，他们为职位而竞争，并且所有的人都试图提供信息或新的资料。大量的讨论会与专题会正在举行，其中大部分最终将其成果以书的形式出版。因此，这一专业的文献已经失去控制，一只巨大的多头许德拉[①]正带着新的杂志和系列专著年复一年地跃起，很少有人能负担得起这些资料，甚至连图书馆在目前的紧缩预算之下要购买它们也感到很吃力。没有人能指望拥有关于某一时期或某一地区或某一专业的所有文献，更不用说关于某一大陆的考古学的所有文献了，更遑论全世界的考古学文献了。

① 希腊神话中的九头蛇，后为英雄海格力士所杀。相传割去许德拉的任何一个头，都会再生出两个头来。

在战前,情况则完全不同。如果你在剑桥大学的图书馆里看一看标有诸如格雷厄姆·克拉克或格林·丹尼尔这样的伟大名字的博士论文原稿,你就会发现它们确实篇幅短小,只相当于20世纪90年代论文中的一个单独章节。当然,在他们做学生的年代,他们所学习与阅读的考古学著作要少得多,并且他们也无福享受到伟大的神祇施乐复印机与苹果电脑的庇佑,不得不靠自己的手来记笔记与复制地图。

与此同时,博物馆也物满为患,因为保存已经成为日益突出的问题(见译文第99页)。例如在埃及,考古学家甚至已经在将器物重新埋入地下,因为他们认识到这样它们将保存得更好、更长久,为了未来的世代能够目睹它们,将它们托付给大地母亲比托付给博物馆的地窖或仓库更好。正是由于存在着大量未曾公开的发掘成果,所以在世界的每个博物馆中都存在着一座"文物山":未曾编目和/或未曾研究的物品组成的巨大收藏。这一情况已经恶化到如此地步,以至于那不勒斯博物馆不得不在最近关门,因为成千上万的古币和其他东西从它的库房中消失得无影无踪,在它的库房中,只有不到一半的藏品被编入了目录。很明显,要是考古学要把它那非常凌乱而且塞得过满的馆藏理出个头绪来的话,还有许多工作得做。

作为单独学科的考古学

自从20世纪60年代的乐观主义重新流行以来(见译文第70页),考古学家已经对他们的专业能够为人类行为研究做出独一无二的贡献这一点抱有比以往大得多的信心。就考古学与姐妹学科的关系看来,这在北美特别重要。

人类学只是意味着对人性的研究。在英国,它被分成社会

(或文化)人类学与体质(或生态)人类学两部分,前者分析人类文化与社会,而后者研究人类的体质特征以及他们是如何进化的。然而,在美国,人们也认为考古学在很大程度上是人类学的一个组成部分:大多数学院派的考古学家可以在“人类学系”中找到,考古学被当成人类学的一个子学科,而不是像在旧大陆那样,考古学自身就是一个学术领域。

考古学曾经被称为“文化人类学的过去时态”,并且由于它涉及的是人类的过去,所以它无可争辩地是人类学的一个方面。然而,它同样是历史学的一部分——实际上,历史学可以被恰当地描述为是考古学冰山所露出的一角,因为就人类过去的几乎所有事物而言,考古学是真正信息的唯一来源。历史学(除了口述史学)只不过始于大约公元前3000年文字记述在西亚的引入,后来很久之后,文字记述才遍及世界的大部分地区。即使就有文字记载的历史时期而言,来自考古学资料的信息对于从文字中获悉的知识仍然是有价值的补充。并且不管怎样,常常是考古学家首先发掘出文件与手稿。

当然,在人类学与考古学之间有一个基本的差异,那就是,总的说来,人类学家的日子比较舒适惬意,他们能够观察人们的行为,调查作为信息来源的人,因为人类学是发生在现在的。(当然,有些学究在“后程序考古学”[见译文第73页]中曾经指出,不存在像现在这样的东西,因为只要你开始意识到某一瞬间,这个瞬间就已经过去了。无论如何,这类不费吹灰之力就可得到的观察只会召来人们大声的嘲笑。)考古学的情报提供者已经死去了,考古学的证据更是沉默不语。考古学的答案则需要耐心的工作才能获得。这种差别几乎就是是与一位开朗、敏锐的青年闲谈,还是与一具僵尸交谈之间的差别!

这种差别的另一必然结果就是，人类学家可以看到他们的研究对象如何行动，并且可以要求他们做出解释，而考古学家则不得不重建人们的行为。为了能做到这一点，他们需要做出大量假设，假设自从“解剖上的现代人类”可能在十万年之前出现以来，人类行为仍然没有发生变化，因此是可以预测的。对于人类所开发利用的动物和植物也必须做出完全相同类型的假设：它们的行为、口味、对于气候与环境的耐性或土壤和湿度都总是保持不变的，因此在对过去进行重建时可以进行可靠的推测。这些都是需要做出的非凡假设（特别是因为我们永远不能确定这些假设是否正当），但是它们是至关重要的，因为要是没有它们，考古学根本就不能发挥作用。如果我们不能以某种精确性猜出过去的人们在一组给定的环境下是如何反应的，那么，我们也许最好放弃接受这一挑战，去做人类学家——那就不会这么令人头痛了。

第二章

确定年代[1]

如果你不知道事物有多古老，或者甚至不知道哪些东西比另一些更古老，那么研究过去就没有什么意义。无论对这一学科有着多大的热情也不能代替一张可靠的年表——如果你不能获悉时间，只有爱好也无济于事。那么，考古学家是如何获悉年代的呢？

到目前为止，只有两种确立年表的方法——确定相对年代（这并不意味着与你的表妹出去约会）[2]与确定历史年代。确定相对年代只涉及将事物——器物、沉积物、事件与文化——排成一个序列，确定孰先孰后。历史年代则来自已经有了文字记载的时期，诸如中世纪时期或罗马时期。对史前时期来说，只有可能确定相对年代，所以，虽然人们可以说青铜时代先于铁器时代，石器时代早于青铜时代，但是人们说不出具体早了多长时间。

---

① 原文为making a date，是一句幽默的双关语，既有“确定年代”之意，又有“约会”之意，译成中文后无法保持其双关的特色，只能保持其前一语意。

② 这又是一句双关语，原文为relative dating，既有“确定相对年代”之意，又有“与亲戚约会”之意。

确定相对年代背后的基本推理来自地层学，这是对地层或沉积物如何一层覆盖着另一层的研究。总体来说，首先铺好的是下层，所以，下层在时间上早于上层。对于在这些地层中发现的器物也是同样的道理，除非曾经存在过某种扰动，例如，由穴居动物或者盗墓，垃圾坑或是腐蚀与再次沉积所导致的各种扰动。

通过化学定年法可以确定在某一地层中的骸骨是否属于相同的年代。随着时间的推移，被埋入土里的骸骨中的氮含量要降低，并且骸骨要逐渐吸收氟与铀。所以测定这些元素的含量将可以表明一组骸骨是同一时期的还是不同时期的。在20世纪50年代初期，正是使用这种方法揭露了所谓的皮尔当骗局——皮尔当人被人信以为真地认定为是猿与人之间的“过渡生物”，于1912年在苏塞克斯被“发现”，但后来被证明是一出彻头彻尾的骗局。化学定年法显示这一头骨是新近的，而下腭则来自一只现代的猩猩。这些骨骼曾经被染过色，牙齿也经过修补锉平，以使它们看起来显得更古老、更令人信服。关于谁应当对这一恶作剧负责的争论仍然在无尽无休、令人厌烦地进行着。

另一种确定相对年代的主要考古学方法是“类型学”，即将器物按照材料、形状和/或装饰纹样的特点进行分类。这整个体系依赖于两个基本思想：第一，来自某一给定的时代与地区的器物都有一种可以识别的风格（物以类聚），而这种风格的变化是相当渐进的；第二，在实际情况中，不同的风格可以共存，个别的风格可以延续很长的时间，而变化可以相当突然地发生，但是对短小的引论性书籍来说，好处就在于没有篇幅去深入到如此复杂的情境之中！

无论如何，一代又一代的考古学家——尤其是那些来自德语国家的考古学家——都把他们的生命奉献给了这样一份事业，即建立详尽的陶器、工具和武器形制的序列，并尝试将来自不同地区的序列组接到一起。同时代的不同器物可以被归为一个“集合”，而各个集合也可以按顺序排列，并进行地区与地区之间的比较。

其他的相对年表是基于冰河时代气候阶段的前后相继关系的（冰川期，或者叫冰川前进阶段；间冰期，或者叫温暖间歇；以及被称为亚冰期和间亚冰期的小波动），但我们现在知道——通过在北冰洋和大西洋的冰核中所蕴藏的详细气候信息——冰河时代的气候比人们所认识到的要复杂得多，也波动得更为厉害。来自沉积物的花粉也能产生气候与植被变化的序列，但这些序列是区域性的。依据动物群来确定年代——基于不同种属的动物骨骼的出现与否——也是一种重要的方法，特别是对于更新世考古学（对冰河时代末期的研究）而言，因为在这一时期，“耐寒”与“喜热”的物种伴随着气候与环境的变化轮番登场。

能确定序列当然非常好，但确定年代——“绝对年代”——则是考古学家梦寐以求的。直到20世纪，可以获悉的仅有的年代是那些与古人建立的年表和日历发生考古关联的年代，这些年代在今天仍然至关重要。这些日历中有许多——诸如罗马人、埃及人、中国人的日历，等等——是基于他们的执政官、皇帝、国王或是“王朝”的统治年代的。例如，埃及的王朝可以通过从亚历山大大帝征服埃及起进行回溯的方法来确定其年代，而从希腊历史学家那里，我们得知亚历山大是在公元前332年征服埃及的。进一步的细节与解释来自埃及对天文事件的记录，这些事件的年代我们也可以从各个不同的科学信息来源获知。

中美洲的玛雅文化有一份非常详细的日历，它不是基于统治者或王朝，而是基于二百六十天与三百六十五天的周期循环，这一长期的记述始于公元前3113年8月（依据我们自己的日历体系）。

所有这些都给了考古学家们机会去确定具体器物的年代，这些器物包括提及事件或统治者的手稿，当然还有罗马和中世纪的钱币，这些钱币上面有当时统治者的名字。当然，人们必须总是铭记在心的是，确定器物的年代并不一定要确定从中发现它的地层的年代——一枚钱币可以流通或是贮藏几十年或者几百年，但它至少会给你一个该地层年代的上限：地层不会比钱币的年代更古老（除非钱币是后来侵入的），但却可以比钱币年轻得多。

离开这些历史的和日历的年代，考古学就一筹莫展了，直到科学向它提供了一整套从不同材料获得"绝对年代"的方法。一部（相当）精确的年表是科学赠予考古学的最贵重的礼物（因为众所周知，没有什么礼物能与时间媲美……）。

战前，只有两种区域性非常强的技术——斯堪的纳维亚的"纹泥"和美洲西南部的树木年轮。纹泥（varves）是一个瑞典词，指的是每年由于冰层融化而铺下的沉积泥层。它们每年的厚度都不一样，温暖的年份会导致融化加剧，因此会有一个较厚的泥层。通过测量一系列泥层的相继厚度并将其与其他地区的泥层模式相比较，就可以将数千年的长期序列联系在一起。与此完全相同的是树木的生长年轮——一系列厚薄相间的年轮是由当地气候的波动引起的，可以通过将取自不同树龄的树木的样本重叠起来，建立年份的序列。例如，我们现在在德国已经有了可以回溯到公元前8000年的不间断序列，用它就可以比较古代的木材，从而确定这些木材的树龄。

自然，这种技术在美洲的西南部或者在欧洲的西北部最有用武之地。在美洲的西南部，干旱使得许多古代的木头得以保存；在欧洲的西北部，在沼泽地区中浸透水的木材十分丰富。现在，令人惊奇的精确结果正在出现。例如，在不列颠的萨默塞特，对横跨一片沼泽的名为"斯威特之路"的一条木板走道的木材进行分析，结果表明这条走道建造于公元前3807年或前3806年的冬天。

通过树木年轮来确定年代的方法在检验通过放射性碳得到的年代时也具有巨大的价值。通过放射性碳确定年代的方法引起了考古学的革命，但它在某种意义上也证明了"太好的反而是不真实的"。研究的样本包括来自考古地点的有机体材料，诸如木炭、木头、种子和人类的或动物的骨骼等等，因为这种方法测量的是在有机体组织中残留的微量放射性同位素碳14（C14）——有机体组织在活着的时候吸收碳14，但在死后则逐步地丧失它。在名为加速器质量光谱测定法（AMS）的新近技术之下，只需要非常少量的样本，碳14的原子被予以直接计数。年代的误差仍有大约五万年。

这种方法背后的基本假设——碳14在大气中的浓度总是不变的——最终被证明是错误的。现在我们知道，这一浓度随着时间而变化，这在很大程度上是由于地球磁场的变化造成的。如果这一方法经过了树木年轮（此树的树龄是已知的）的检验，那么事情从一开始就会顺利得多，而这些恼人的问题也将不复存在。在平面图上同时标明由放射性碳得出的年代与由树木年轮得出的年代，这样就产生了"校准曲线"，这些图表展示

斯威特之路，萨默塞特平原。

了碳14确定的年代随着时间而变化的误差范围，从大约公元前7000年开始。

尽管有所有这些不确定性，而且总是存在样本受到沾染的危险，通过放射性碳来确定年代的方法仍然成为考古学最有用与最普遍的工具，用来为那些之前没有任何时标的地区建立年表。它可以被用于任何地方，不论当地气候如何，只要能够获得有机体材料即可。

但是如果在某个遗址**没有**有机体材料残留下来怎么办?直到最近，这都会摧毁我们获知年代的任何希望，但是以后不会了，多亏了现代科学的奇迹。对于早期遗址而言，诸如东非的人类化石遗址，钾/氩定年法可以在火山地区确定岩石的年代。在其他地区，铀系列定年法可以被用来检测富含碳化钙的岩石，诸如岩洞中的石笋。热致发光技术（TL）定年法可以被用于陶器，陶器是近一万年以来考古遗址中最丰富的非有机体材料，这种方法也可以被用来检测其他非有机体材料，诸如燃烧过的燧石。光致发光技术（OSL）甚至可以被用来检测包含文物的特定沉积物——诸如澳大利亚北部石洞中的沉积物，这些人类曾居住过的洞穴的年代被确定为五万三千到六万年之前，这是人类在早期到达这一大陆的关键性证据。电子自旋共振技术（ESR）可以被用来测定远远超出碳14的时效范围的人类与动物的牙齿，例如，来自以色列遗址的十万年之前的牙齿。

还有许多次要的定年法，要在此解释它们就太复杂、太令人厌烦了。无论如何，考古学家都不需要对它们了解很多——因为大多数考古学家在理解脚踏垃圾箱背后的科学原理时都有困难，他们对于科学技术人员的能力有着一种感人的、近乎偶像崇拜的信任；科学技术人员，即所谓的“硬科学家”，拿走他们提供的材料样本，然后给出一组适当的年代。人们对实验室的信任不会受到下述事实的鼓舞：当考古学家想要通过放射性碳来确定一份样本的年代时，他常常会预先被要求说出他期望什么样的数据！然而，只要考古学家知道了有关现有方法的基本原理，以及这些方法适用的材料与年代范围，他们就可以只去关注更重要的问题，诸如寻找被封闭的、未受扰动的环境，以极度的谨慎小心去采集样本，避免受到沾染，以及筹集常很可观的资金，这些资金是付给实验室进行分析所需要的。正如每个年轻人所知，约会可并不便宜。[①]

① 这又是一句幽默的双关语。原文中的date也有“约会”之意。

第三章
技术

给我们工具，我们就将完成这项工作。

温斯顿·丘吉尔

考古学总是极大地依赖于我们的祖先遗留给我们的工具——从一小块石头到一艘战舰。在很长的一段时间里，人类进步在很大程度上是依据技术来衡量的。实际上，学术界根据技术的发展将人类的过去划分成相继出现的各个“时代”——石器时代、青铜时代和铁器时代，以及无数随后出现的次级划分。虽然过去的其他方面现在得到了同等的或更大的重视，但是，仍然千真万确的是，工具总是人类存在的主要依靠，我们计算机时代的所有复杂的新发明都源于我们祖先的简单器物。考古学记录的大部分都与人类制造的器物相关。

“旧石器时代”包括了几乎所有的考古学记录，从大约二百五十万年前的第一件可以识别的工具开始到距今大约一万年之前；石器工具在这一时代的废料中占多数。不幸的是，虽然一代又一代的学者毕生都在对这些石头进行详细分析与归类，但它们对于其制造者来说到底是重要还是不重要，我们仍然一无所知。石器工具实际上是不会毁坏的，而有机体材料——骨头、

图中文字意为：黑人装饰家，旧石器时代的投石，二百二十伏

鹿角、木头、皮革、肌肉、绳索、筐篮、羽毛制品等等——在最普通的环境下都会腐烂。所以我们已经永远地丧失了旧石器时代的大多数成套工具。就连我们赋予这一时期的这个名字——“石器时代”——也可能会让人误解，也许称这一时期为“旧木器时代”要恰如其分得多。确实，对许多石器工具上的磨损进行的分析（见下文）表明，这些工具只被用于获取或加工有机体材料。这就是早期技术**真正的**基础。

当然，正像在考古学中经常碰到的那样，我们不得不尽力把一件糟糕的活儿做好，并且，我们不应当去抱怨**已经**传到我们手上的东西残缺不全（“糟糕的工匠埋怨他的工具”）。我们要就我们已有的东西开始工作。实际上，残余的痕迹确实偶然地从旧石器时代幸存到了现在：少量的木板与木矛，法国拉斯科岩洞中的一段绳索，火烧过的泥土上留下的一个篮子或编织物的印迹（这个遗址在捷克的巴甫洛夫，是大约二万六千年前的）。旧石器时代后期（大约四万年至一万年前）的骨制与角制工具也有相当数量留存了下来。

过去，依据形状、制造技术或者假定的功能来对石器工具进行描述与分类。现在，我们就其中某些方面所知道的要多得多了。对“微观磨损”（即由于工具的使用而留在工具上的微小痕迹）的研究在很大程度上要归功于苏联的谢尔盖·塞米诺夫在20世纪50年代的开拓性工作，他不得不依靠一台普通的显微镜来观察石器工具上的各种磨损与擦痕。但是这些研究伴随着扫描电子显微镜的诞生而进入了一个新的阶段，这种显微镜使我们能够更近、更详细地观察微观磨损。

然而，如果你不知道是什么活动产生了这些痕迹，那么这些研究就都没有什么大用处。这就是实验大显身手的地方了。不同种类的石器工具已经被复制，并被用于完成特定的任务，由此产生的痕迹与磨损的样式可以予以评估并与考古样本上的痕迹进行比较。此外，对石器工具的复制——一种可以追溯到1720年的德国文物学者A. A. 罗德的技术——教给我们大量有关原始制造技术的知识。今天必要的（de rigueur，由于法语长期以来就在旧石器时代工具的研究领域内流行）行话术语是生产序列，从原料一直到完成的装置。要深入了解制造技术，一种简单的方法不是大费周折地去复制，而是将真实的石器工具再次装配到一起（“重装”或“组接”）——这可能是一件冗长乏味而又消耗时间的工作，就像三维的拼图玩具，但它可以有惊人的结果，使你能够再现生产过程的每一阶段。

在某些情况下，人们可以通过对考古遗存的简单观察而获知原始的生产过程：例如，在复活节岛的采石场上，有数以百计的未完成的或被废弃的雕像，它们展示着制造过程的每一阶段；在南非的大约公元950年的卡斯蒂尔堡遗址，有一个装配区域，在这里，制作特定骨制工具的过程的每一步都可以清楚地看到；来自南美的早期编织物的残存标本可以令专家们从中“读出”它们是如何制造的，并且这种解释相当精确。与此类似，对一个陶制容器的简单检查就能揭示出它是手工盘绕成的还是在轮盘上制成的。金属制造的副产品——铸块、炉渣、铸模、坩埚、做坏了的铸件、金属碎片，等等——同样提供了冶金法的线索：在中国公元前500年的一所青铜铸造场已经生产出了三万多件这一类型的制品。

用于石器工具研究的许多实验过程也被用于研究使用其他材料的技术与较为晚近的时期的技术——诸如木制品、纤维与纺织、陶器、玻璃和不同种类的金属制造。例如，意大利研究者弗朗西斯科·德里科曾经做过实验以确立识别留在骨头、兽角和象牙等物品上的痕迹的微观标准，实验方法是长时间的握持、运送和悬挂。涉及制陶与冶金的无数实验都已完成，要是没有这些实验，我们对于这类技术的了解至多只是初步的。

实际上，随着在各个国家，特别是在西北欧国家中建立整个的“村庄”，来探索不同的古代技术——房屋建造、农耕、屠宰、贮藏与陶器、石器或金属的制造，这种类型的“实验考古学”现在已经成为了这一领域中的主要分支。

当然，即使这些实验进行了几十年，它们比起那些从远古穿越成百上千年流传下来的、积累而成的技巧与智慧来，仍然是太短暂了；而且现在所进行的观察不能真正确凿地证明有关远古的任何事情。但是这些观察所提供的有限的洞察力仍然是有趣又有用的，而且许多这类的实验充满了乐趣。当你被准许去烧毁一座房屋，或是用青铜剑去攻击你的一位同事，或是猛击一块石头，或是把牛粪涂抹到一堵墙上或是一座窑上，而还把这称为“科学”的时候，你就会把潜伏在你心底深处的所有恶魔都释放出来。

一种与此有关的，但相较而言有点沉闷的研究方法是被称为“人种考古学”的学科。长期以来，考古学家无法从人类学家那里获得有关活着的"原始"人的有用信息，因而感到沮丧。这些人类的实地考察人员是如此地痴迷于血亲系统、巫术以及诸如此类的东西，以致他们从未对考古学家感到巨大兴趣的那类课题——这些原始人是如何生产那些将会成为他们的考古学记录的东西——动过很大脑筋。人种考古学研究已经证明陶器的制造是特别普遍的，但考古学家要知道各种各样的事情：这些器物是如何被制造出来的，何时、为何与由谁制造的；在这些器物中投入了多少时间和精力；为什么以特定的方式来装饰它们；它们被打破的频率与情境，以及它们如何被废弃，又丢弃在哪里——这些是平凡单调的日常活动，除非你对这些活动特别感兴趣，否则它们会毫不引人注目地进行下去，即使在我们自己的社会中也是如此。考古学极为注重的正是琐碎的细节——垃圾的分布、陶器上的纹样、房顶瓦片的形状。

这种对显然不重要的细节的献身精神有助于在那些门外汉的心中形成这样的印象：考古学是一门寄生性的学科，是无用的奢侈品。在一个由市场力量统治的世界上，考古学需要去证明它存在的价值；它需要为了它的晚餐而歌唱。在某些地区，它在极大的旅游重要性中证明了自己的价值（见译文第96页）。但在其他地方，可以在各种实际应用中找到考古学的巨大优势：例如，"地震考古学"在中国被认为具有很大的重要性，在中国，古代的手稿与文献记录了过去的地震；而在近东，历史的、《圣经》的与考古学的有关古代地震的记载可以追溯到一万年前。人类遗骸可能就某些疾病和病理的历史提供有用的信息。

然而，最为显著的实际贡献是在农业技术领域。因为，在一些情况下，考古学家可以变得像上帝一样灌溉荒芜的沙漠或是极大地增加谷物的产量。然而，他们做到这一点不是通过他们自己的才能而是通过重新发掘出我们祖先的被遗忘的智慧。例如，纳巴塔人在两千年之前占据着以色列的险恶的内盖夫沙漠，他们生活在城市里，种植葡萄、小麦和橄榄。空中摄影照片和考古发现共同显示，他们做到这一点是借助一种精巧的系统把这一地区少见的雨水引到灌溉沟渠与蓄水池中。因此，科学家们已经能够运用同样的方法来重建这一地区的古代农场，这些农场现在甚至在干旱年份中也能有很高的谷物产量。

给人以更为深刻的印象的是在秘鲁和玻利维亚的高原所发生的事件。空中摄影术与发掘已经揭示出，大约在公元前1000年，在的的喀喀湖周围地区，有至少二十万英亩的土地属于一种基于“凸地”的农业体系，这种体系用从地块间沟渠中挖出的泥土来抬高耕种表面。这一体系与四千米的高度，与当地环境，与传统的块根植物相适应。然而，这种体系在五百年前印加帝国被征服之后就被抛弃了。现代农业方法用到大量的机械、化肥、灌溉和进口谷物，这种方法被证明在这种气候下并不成功。考古学家已经清理并重新整修了某些古代凸地，只使用传统工具，并在这些地块里种植了土豆和其他传统的块根植物。这些田地迄今还没有受到严重干旱、霜冻和洪水的影响，谷物产量大约是干旱农田上的七倍。许多村社，包括数以千计的农民，现在已经开始采用他们祖先的耕作方法，多亏了考古学家的努力。

反过来说，考古学也能够指出在过去出现过的生态灾难，这些灾难在很大程度上是由人所引起的——诸如在公元900年，拜占庭古城佩特拉在几个世纪的对森林的毁灭性开采之后突然崩溃毁灭了；在复活节岛上对森林更具破坏性的开采几乎摧毁了这个小岛上唯一的石器时代文化（这一故事在新近的电影《复活节岛》中有所描述，并与一个罗密欧和朱丽叶式的爱情主题交织在一起，这一主题被证明同样是毁灭性的)。

另一个实例来自阿那萨奇人，他们居住在美洲的西南部。他们在查科峡谷的居住地是非常先进的，并且包括有美洲直到摩天楼出现之前的最大也是最高的建筑。从公元10世纪开始，这些建筑结构用去了多于二十万棵松树与杉树的木材。植物的遗存与古代鼠粪中的结晶了的尿黏合在一起，这使人们了解了长时间以来当地植被的变化。很清楚，若干世纪里，这里一直在不停地继续着无情的木头采伐，木材不仅被用来做建筑材料，而且还要满足日益增长的人口的燃料需求。最终所造成的广泛的环境破坏是无法修复的，这是这一居住地被废弃的主要原因之一。换句话说，考古学可以传送来自远古的重大讯息，但是，天哪，正像古语所云，我们从历史中吸取的唯一的教训就是我们从来不从历史中吸取教训。

第四章

人们怎样生活?

考古学的相当大的一部分是研究“死者与被埋葬者的生活方式”的。考古学试图断定,人们看起来像什么样子,他们健康与否,他们吃什么,以及他们因何而死。最后两个问题并没有必然的联系,虽然公元前2世纪的中国轪侯的身体过重的夫人看来像是死于心脏病,[①]在她饱餐了一顿西瓜(在她那殓藏完好的尸体的胃肠里发现了一百三十八颗西瓜子)之后一小时左右,她的胆石症引发的剧痛导致了心脏病的发作。这位夫人似乎非常看重吃,因为她的陵墓中有无数准备好的菜肴装在容器之中,并贴有标签和描述菜肴配方的纸条:真是一种中国式的葬礼风俗!

口粮——寻求到的食物——是人类生活最基本的必需品之一,考古学已经找出了许多方法来解开人们吃什么东西这个奥秘的线索。这些线索中的绝大部分可以以动物和植物遗存的形式在人类曾居留过的遗址中找到,而这些遗存分别为动物考古学家与植物考古学家所研究。**有时**它们确实是已被消费的食物的残余——但并不一定所有都是。例如,植物可以被用于从原料到药物的许多其他目的;兽类也产出有用的物质,诸如骨

---

① 指长沙马王堆一号汉墓的发掘,于1972年至1974年间进行。

头、鹿角、茸角、象牙、脂肪、肌腱、皮革和毛皮；鸟类可以提供骨头和羽毛。此外，许多有机物遗存，特别是兽类与鸟类的遗存，可能是由其他先来者带进这一遗址的，或者它们也可能是宠物（虽然在过去有些文化中的人吃狗和豚鼠，而且现在的某些地方仍然如此）。

如果某一植物或动物出现在人类的胃或粪化石之中，那它就确实是被吃掉了，这是不容争辩的。但是由于这类发现十分罕见，所以不得不做出它们被吃掉的假设；人们不得不从情景或发现的环境中做出这一推论，诸如在炉灶中炭化的谷物、经过切割或烧烤过的骨头或是容器中的残余物。未必发生但是又总是在理论上有可能的是，例如，一个旧石器时代的遗址到处是驯鹿的骸骨，而它的原始居民是素食者，他们只不过碰巧十分痛恨驯鹿！或者他们需要许多骨头、鹿角和皮革，但却厌恶肉。

即使这一假设（这些遗存是食物遗存）貌似合理，也还存在着进一步的挑战需要应对。例如，你必须试图考虑不同食物的相对重要性：植物通常不具代表性，因为它们的遗存常常保存得很差，如果不是全付阙如的话。鱼骨也同样如此。并且无论什么食物遗存确实幸存了下来，人们还必须就它们是野生的还是驯化的做出判断；以及就它们是否能真正代表原始居民的饮食做出判断，这就涉及判断遗址的用途，遗址为人所占用的期限（短期还是长期），以及人们居住在这里是偶尔的、季节性的还是永久性的——长期的定居要比屠宰的场所与专门的营地更易于产生有代表性的食物遗存。

近些年来，复杂的新技术已经发展起来，它们可以探测并且常常可以确定工具上的和容器内的食物残余物。例如，在美拉尼西亚的所罗门群岛，已经发现了石头工具上的淀粉类残余，时间可以追溯到两万八千七百年前，这是消费块根植物(芋头)的全世界最古老的证据。对于两耳细颈罐(罗马时期大储存量的罐)中的残余物的化学分析已经证明，其中许多确实装的是酒和橄榄油，正如以前人们所假设的那样，但有些装的是面粉。酒的早期证据——一个非常投合考古学家心思的主题——已经出现了，据分析，在伊朗夏际花斯泰普新石器遗址中发现的陶罐内有黄色的残余物，据考证，年代应在公元前5400年至前5000年左右。这是一种酒酸，在自然界几乎仅存在于葡萄之中。因此被认为是世界上最早的用树脂浸渍过的酒，这比先前认为的酒的起源提早了两千年。一个三十升的苏美尔大罐同样盛有酒，这个大罐来自位于伊朗西部的一个名为戈丁·泰普的遗址，大约是公元前3500年的遗物。从同一遗址发掘出的其他陶器碎片上带有生产大麦啤酒的痕迹，所以，很清楚，古伊朗的居民知道该如何享受好时光。不只是伊朗人，阿比杜斯的埃及早期国王的陵墓中也发现有三个房间装了七百个罐子，对于其中残余的黄色硬皮的化学分析证实，它们曾经装过酒——容量竟达一千二百加仑！

化学家还在一个来自塞浦路斯的三千五百年前的瓶子里发现了鸦片的痕迹，这表明正如某些学者所言，在那个时代，在东地中海区域存在着毒品贸易。另一方面，在不列颠，古代陶器中可能装有不那么有刺激作用的物质，诸如卷心菜的残余。

在那些涉及动物遗存的地方，它们也可能只代表了当初所拥有的东西的一小部分：骨头可能从遗址中被清除出去，用作工具，煮成汤，或是被狗或猪吃掉。其他可能存在过的重要食物，诸如蛴螬或血，则完全没有留下痕迹。虽然我们愿意假设，人们的饮食通常基于食草动物和鱼类，但有些文化之中的人可能也吃昆虫——在阿尔及利亚一座石洞中的特殊炉灶里发现了蝗虫，这座石洞距今已有六千二百年。

关于食人习性仍未有定论——过去**证明**它的唯一方法是在一个人类内脏或粪化石中找到一块人体组织，然而迄今为止，还没有人这么证明过。新近对考古学与人类学关于食人习性的证据的重新评价显示，所有的主张都乐于接受其他解释，诸如暴力或复杂的葬礼仪式。但有少数学者坚持将那些关节折断、受到创伤或布满切痕的人类骸骨——例如在美洲西南部大约公元1100年的某些阿那萨奇人的居住地中发现的人类骸骨——作为食人习性的证据。他们可能是正确的，但是我们实在无法知道这一点；他们的主张就像众多考古学论断一样，最终成为信仰或个人好恶的问题。我们只能从新近的事例中清楚地知道，食人行为确实可能在那些极度渴望生存的人们中出现（例如，在安第斯空难中或是在纳粹集中营里），也可能在有病的精神变态者中出现。但是"习惯性食人行为"的存在，即食人是生活中的一种习惯或仪式，在最近几年遇到了严重的诘难：基于直接观察而不是道听途说或恶意宣传的资料充足的案例在有文字记载的历史时期中是非常罕见的，所以，要立论说这种做法在史前如何常见是非常困难的，遑论非常遥远的远古时代了。

像有关植物的情况一样，动物的残留物正在表现出很强的启发性，虽然就粘有血污的石器工具仍然有着激烈的争论。有人认为血迹可以在器物上保存数千年之久并可以被识别出来，这一点引起了人们的争议。对于容器内残留物的化学分析已经揭示出其中存在着诸如牛奶、乳酪和脂肪这样的物质。

植物和动物食品也很好地表现在艺术与文学之中——比如描绘了烹饪与酿酒的埃及陵墓的木制模型，描述罗马军队伙食的文献，埃及的象形文字文献（其中描述了对工人的谷物配给量）或者这世界上最古老的食谱（三千七百五十年前的三块巴比伦泥版，其中包括了制作一系列美味肉食的三十五个配方）。然而，无论来自艺术与文学的证据有多么充分，它们只给出了有关食物状况的非常短期的观察图景。更为短暂的一瞥来自偶尔发现的真实的食物。例如，在罗马的庞贝古城（它于公元79年被一场火山爆发所埋葬），发掘出了鱼、鸡蛋、面包和坚果等食品，它们原封未动地摆在桌子上，也摆在商店里——但是这些只是一天之中的微小样本。保存下来的人体消化系统或人类粪便的发掘证据（这些发掘由强健和坚强的人完成）也同样如此。丹麦铁器时代的沼泽中淹没的尸体（图隆德人）被发现在死之前吃了一顿粥（莫蒂默·惠勒爵士在一篇实验考古学的先驱性论文中，试图重新合成这一混合物，结果发现它是一盆味

图中文字意为："巴比伦美味炖牛肉…… 把一块书写板熔解在两品脱的……"

道腐臭的稀酱),英国的林多人在死前吃了一块烤饼,那是一种粗面包。对内华达州拉夫洛克岩洞内的几块距今二千五百年到一百五十年的粪化石的分析显示,其中存在有种子、鸟羽的断片和鱼鳞:其中一块化石有一千年了,包含有一百零一条雪鲦的鱼骨,这些小鱼活着的时候总重量有二百零八克(七点三盎司)——这就是一个人一顿饭中的一道鱼菜。

食物全都十分美味,但考古学总是喜欢获得长期的展望(这毕竟也是它的专长),这就需要对饮食进行判断。进行这种判断的方法之一是在一个遗址的彼此相继的地层中考察长时间以来食物遗存的积累,但是,还有一种了解饮食的方法要直接得多:研究牙齿的磨损和骨头的化学成分。因为"吃什么食物就会有什么样的健康状态":食物极大地影响了牙齿——是的,你妈妈是正确的——并且在骨头上也留下了富有特征的化学印鉴。

牙齿由人体中两种最坚硬的组织构成,所以它们通常可以很好地保存下来。对它们表面的微观检查表明磨损和擦痕与饮食中的肉类或蔬菜有关。正像对工具上的微观磨损的研究一样(见译文第27页),我们从今天的样本——在这种情形下不是实验复制品而是活人,诸如食肉的爱斯基摩人或食素的美拉尼西亚人——中了解到不同的饮食会留下什么类型的痕迹,于是考古学样本可以与这些样本放在一起,进行比较研究,这样学者们才能有些把握。以这种方式,人们发现长期以来古人类似乎吃肉较少,而采用一种更为混合型的饮食方式。牙齿的蛀蚀也能传递信息,这标志着对于淀粉类食物和糖类食物的依赖。

然而,最重大的突破在于认识到对人类骨骼胶原质的化学分析可以揭示有关长期饮食的许多方面。不同种类的植物有着不同的碳同位素比率或者氮同位素比率，当植物被动物吃掉时，这些比率就固定在动物和人类的骨骼组织之中。所以，对胶原质的分析可以表明是海洋植物还是陆地植物在饮食中占据主导地位，从而表明其他种类的陆地食物或者海洋食物是否占主导地位。如果可以获得不同时期的人类骨骼的话，这一技术对于探测随着时间变化的趋势是很有用的。例如，来自委内瑞拉的奥里诺科冲积平原的骨骼已经揭示出从一种富含某一种类植物（包括木薯类植物）的饮食向一种基于多种植物（比如玉米）的饮食的戏剧性转变，这一转变发生在大约公元前800年到公元400年之间。

对于人类遗骸的整个研究，一般公众已经是耳熟能详，他们崇拜恐怖与惊悚的东西：木乃伊在博物馆里总是具有极大的吸引力。然而，考古学方面的入门书通常很少或者几乎不谈论人们自身，而是集中讨论他们的工具、住所、艺术和行为。这是一种异乎寻常的奇怪态度：归根到底，如果考古学的目的是重建那些产生了考古学记载的人们的生活，那么有什么更直接的证据能够比我们正在试图重演的这幕戏剧的演员的遗存更重要呢？

但是，这些遗骸通常被留给体质人类学家来讨论，即使这些遗骸是由考古学家发掘出来的。但是无论由谁来进行这一分析，所获得的资料都具有头等重要性。人类遗骸可以展示出已故者的年龄、性别、相貌、健康状况，有时还有他们的死亡原因，在有些情况下甚至能体现他们的家庭关系。在未来，生物化学与遗传学的新发展将会在很大程度上取代现在对骨骼的严重依赖。

人类遗骸的绝大部分是骨骼或骨灰。但是我们确实拥有众多保存得较好的遗体，这些或多或少还算完整的遗体经过干燥、冷冻、水浸或有目的地制成木乃伊，它们可以被用来进行大量的测试——法医检验、计算机扫描和将内窥镜伸入每一个孔洞。

即使在那些尸体已经消失的情况下，它们的痕迹也可以被探测出来。最著名的实例是由庞贝人留下来的凹形洞孔，这是当他们的尸体在火山灰构成的固体包裹内分解时留下来的。最终形成的模子揭示出肢体的外形、发型、服装、姿态，甚至面部的表情，所有这一切都是在死亡的那一瞬间留下的（有谣言说这一城市的监狱中包括有几百名罪犯的遗骸）。众多的脚印、手印和彩绘的手的模版也保存在考古学记录中。

图中文字意为："我'走'的时候希望能像他们这样！"

已经消失了的但可以被探测到的遗骸引起了特别的轰动：众多完整但空空如也的陶器特别地神秘，这些陶器被埋在德国房屋的地窖内，其年代可追溯到公元16世纪到19世纪。对这些陶器中的沉积物的化学检验揭示出了胆固醇的存在(这指出了人类或动物组织的存在),以及类固醇荷尔蒙(诸如激素)的存在,所以,实际上可以肯定陶器是被用于埋葬人类胎盘的(在婴儿降生之后)——根据当地的风俗,这有助于孩子的健康成长。

就健康状况而言,人类遗骸可以是一座富含信息的金矿。例如,重复性劳损绝不是什么新现象,古代尸骸的各种骨骼上的各个面都可以与由蹲伏、负重或碾谷造成的紧张状态联系起来。导致死亡的大多数疾患没有在骨头上留下痕迹,但是在软组织幸存下来的情况下,古病理学(对古代病患的研究)可以揭示出大量的东西。几乎所有的埃及木乃伊都包含有寄生虫,它们能引起阿米巴痢疾与血吸虫病,新大陆的木乃伊有蛔虫卵与鞭虫卵。在人类的粪便化石与中世纪的污水坑中也发现有寄生虫。

如果考古学家在处理人类的软组织时不够谨慎,那么也会有危险——疥癣和病毒可能幸存下来,并且没有人知道微生物能在休眠状态下待多久。因此,传染性的微生物体会带来真正的危险,特别是当我们对于已消失的或很稀少的病症的免疫力实际已经下降的时候。考古学家中某些人(幸亏非常稀少)的神秘死亡多半是由致命的微生物引的,而不是由广为流传的"古代木乃伊的诅咒"引起的。具有讽刺意味的是,考古学家感染上某些来自过去的肮脏的东西,这也许是实验考古学的终结!

研究外伤与损害(诸如西北欧的保存良好的沼泽尸体上的外伤与损害)要安全得多,这些尸体中的许多死者明显是因暴力致死的——无论是作为死刑犯,还是作为被谋杀者或仪式上的祭品。图隆德人是被吊死的,格劳巴尔人被割断了喉管,但是英国的林多人——人们诙谐地送给他一个外号:沼泽宠儿——

中了头彩：他的头颅被劈成了两半，脖子上有勒杀的痕迹，颈静脉也被切断。或者是他非常不得人心，或者是有人决定要干一套全活儿。

从古代一直保存到我们手上的最完整的尸体是所谓的冰人的尸体，它于1991年在意大利的阿尔卑斯山区被发现。该发现赢得了全世界媒体的广泛关注，并且马上引出了某些惊人的故事，其中有些也许是不足信的。例如，一位妇女坚持声称这是她在山里失踪的父亲——她是从新闻照片上认出来的!但不久通过放射性碳确定了尸体的年代是距今五千三百年前，这才结束了这场闹剧。一旦尸体被认定为是真正的古代遗体，据说马上就有些妇女志愿通过可能在遗体中发现的被冷冻的精液来受孕。更为稀奇古怪的是，奥地利的一家娱乐杂志坚持声称已

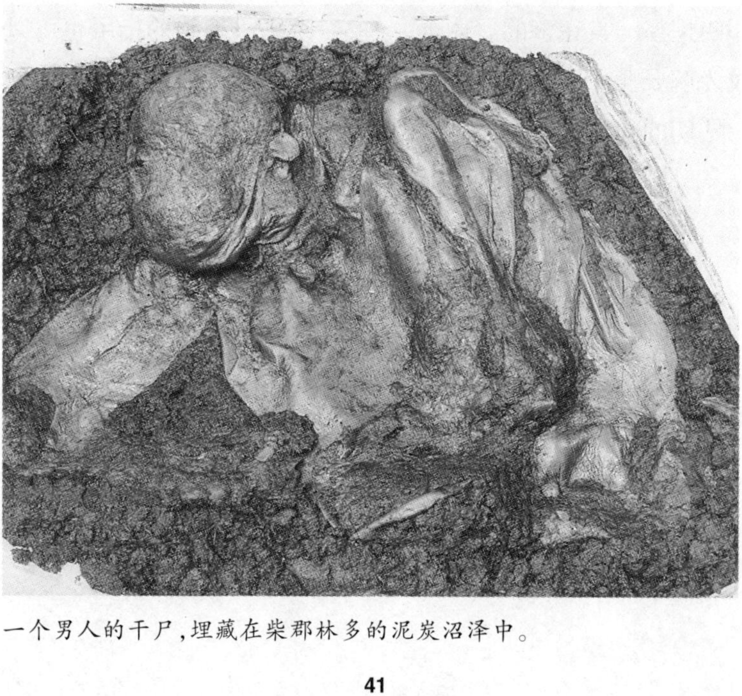

一个男人的干尸，埋藏在柴郡林多的泥炭沼泽中。

经在遗体的输精管中发现了精液，但是科学家们太窘迫了，他们没有发布这一“事实”！

关于冰人的事实实际上也同样有趣。他的年龄在四十五岁到五十岁之间。他的肺被来自野火的烟熏黑了，他的动脉和血管都已变硬，他的一个脚趾有长期冻伤的痕迹，他的八根肋骨已经折断，但是在他死亡之前已经得到治愈或正在治疗。他身体上的一组组纹身——大多数是平行的蓝色条纹，有半英寸长——可能是一种治疗方法，目的在于缓解他颈部、背部和臀部的关节炎。但是最为惊人的信息来自那唯一残存的指甲。横过指甲的条纹表明，他当时正在经受着严重疾病的折磨（当时指甲的生长被迫减缓），这是在他死亡之前四个月、三个月直至两个月前的事情。他已经患上周期性的跛足病症，这一事实也许可以解释他是如何被恶劣的天气击垮以致受冻而死的。所以即使是在一具完整的尸体上，一枚显然毫不起眼的指甲也可以成为解开整个谜底的钥匙——这对整个考古学界来说都是一个贴切的比喻。

第五章

人们怎样思想?

尽管研究生活中的具体细节——技术、口粮等等——已属不易,但要进入人们的头脑,并试图对他们所信仰的东西和他们如何思想略知一二,则还要艰难上万倍。如果你在结婚许多年之后,甚至还不能读懂你的伴侣的思想(或者根本就不想去读),那么想象一下去重建——用可怕的行话来说——所谓"史前的思维方式"该是何等的挑战啊!

这里我们将要叙述一下那些勇敢的人,他们追求着"头脑的考古学",他们是认知考古学家或者被称为"考奇"。他们否认古代的思想、信仰和社会关系已经永远消逝,他们相信,他们可以通过将逻辑应用于艺术与物质遗存来重新复活这些思想、信仰与社会关系,这些艺术与物质遗存被认为是与地区和仪式或者诸如此类的东西相关联的。

许多学者正在努力建立明确的程序方法来分析早期社会的认知活动,特别是要分析那些我们没有文字记载的社会。通向这一似乎不可能完成的任务有众多令人鼓舞的途径。例如,你可以去研究人们如何描述与度量他们的世界,他们如何规划与布置他们的家园与城镇,以及他们将哪些物质估价甚高并且可能将其作为财富和权力的象征。特别地,你可以去着手处理宗教方面的遗存物。

有人曾经这样说：宗教基本上是人类与天气进行沟通的尝试。这话也有几分正确，过去为这一工作做了大量的努力。尽管众所周知，考古学倾向于将任何看似奇怪的东西都称为“仪式”，但这仍然是正确的，因为我们从对现代“原始”人的研究中获悉，宗教活动经常在生活中具有头等的重要性。确实，由于在神圣与世俗之间通常没有明确的界线，所以，生活中的许多事物似乎都可以是最终奉献给宗教的。

关于思想的某些基本证据的年代在近些年内已经被大大向前推进了。例如，有意识地埋葬死人长期以来都被认为是始于欧亚大陆的尼安德特人，在十万年到四万年之前——有许多实例为人所知，其中著名的一个是在伊拉克的山尼达尔岩洞里，在那里，遗体似乎还曾伴有鲜花（根据在尸骨旁发现的花粉判断）。然而，在阿塔普尔卡（见译文第12页）的遗骨之穴里的发现相当充分地表明，远在超过二十万年之前，就已经在进行某种葬礼仪式，因为许多遗体被故意带到这里，安葬在穴中——这不是一个生活遗址（这里没有工具或其他家庭垃圾的遗存），这些遗体也不是被食肉动物拖到这里来的（在骨骼上没有牙咬的痕迹，遗体的所有部分都在这里，并且没有其他被捕食的动物的遗存）。所以，在这种情况下，你仅从发现的内容与情境就可以相当有把握地断定，某种类型的初步的宗教仪式曾经在这里举行。

同样的情况也适用于“艺术”。众所周知，艺术是一个难以把握的概念，该如何来定义它，至今仍在争论不休。也许最简单的方法是采用它那已有数个世纪的古老定义，即“与自然的作品相对立的人类的作品”，这样就能避免就形式、内容或意图做出区分。像宗教一样，在许多“原始”社会中很难区分“艺术”和“非艺术”；这类区分对于人们没有意义，他们把他们所有的“艺术”看作是功能性的，无论是直接地作为一件有用的器物，还是间接地作为一种与精灵或神灵或天气或任何东西进行沟通的方式。艺术总是有着意义、意思和功能，许多民族根本不能理解我们的“艺术”概念，他们无法将它视为某种单独的、特殊的或非功能性的东西。

许多年里，艺术被视为是始于欧洲的现代人类的，它始于冰河时代末期的第一件可携带的艺术品与岩洞壁画。这种观点根本经不起推敲。首先，每一个大陆现在都有同样古老的“艺术”，其中澳大利亚有着世界上最古老的岩石雕刻（如果加速器质量光谱测定法是准确的话，这些古迹距今已有四万多年了）；而且，更为重要的是，现在我们清楚地知道“艺术”的诞生远在现代人类之前。自从人们在法国西南部发现一处尼安德特人的墓葬时起，这已经为人所知几十年了。这座墓葬被石板覆盖着，有一系列小“杯状纹样”（小而圆的中空凹穴）仔细地排布在石板上。但是这已经被考古学的权威著作视为一种反常现象，一种“例外”，比起后来的岩洞艺术，如拉斯科和阿尔塔米拉，就像是蜡烛无法与太阳争光一样，黯然失色。

但是，现在我们不仅有着数目日益增长的各种简单的尼安德特“艺术”的实例，而且我们还有更早的实例。最为轰动的是20世纪80年代在以色列的戈兰高地上的一处野外遗址贝列卡特·拉姆发现了一块火山岩小卵石。它的自然形态就像一个女人，但是在“颈部”周围和“手臂”之下有沟纹，而问题是这些线条是自然形成的还是由人创造的。美国研究者亚历山大·马沙克所做的微观分析现在已经证明，毫无疑问这是人工刻制的，所以这块卵石毫无疑问是一件"雕像",一件艺术作品——而且它的年代至少在二十三万年之前,也许还要古老得多。所以在此我们再一次有了明确的认识活动的证据——这块卵石与一个女人的自然相似之处被认识到了,然后才会有人有意对它进行美化。

图中文字意为:"一个女人?对不起,我可不主张这种现代艺术的玩意儿!"

即使你执著于传统的教条,认为真正的艺术始于冰河末期的现代人类,下述观点也仍然是正确的:史前艺术,特别是"岩石艺术",构成了艺术史的几乎所有的内容。令人啼笑皆非的是:大多数论述艺术史的著作开始都有一张装点门面的岩洞艺术的照片(通常是拉斯科或阿尔塔米拉的,其实这两个岩洞都没有代表性)或是一个女性雕像的照片(通常是真正肥胖的那一种,这也同样没有代表性),然后就直接转入人们更为熟悉的埃及与希腊的艺术。但是拉斯科在距今大约一万七千年前，正好处于艺术史的正中间的分界处——当然从贝列卡特·拉姆的雕像的角度来看，你可以说拉斯科开始了艺术史的“后期阶段”！

史前艺术不仅有着巨大的时间跨度，而且也构成了类型与题材的庞大宝藏，从骨头上的乱涂乱画到奇妙的彩色绘画，从简单的泥土上的手指纹印到复杂的三维雕塑。所以你可以在其中找到你所期望的每一件东西，任何一件东西；因此，那些骗子和他们那些轻信的读者在20世纪70年代居然宣布在考古学记录中有关于地球外生命或古代宇航员的证据，他们甚至在岩石艺术上发现了看起来像是太空人（至少对他们是如此）的形象！

非常明显，就我们今天所知的“原始”艺术来看，史前艺术一定也是多重目的的——包括了游戏、神话、叙事、涂鸦、讯息、创世神话和宗教。它的一切并不一定是庄重而认真的，并不一定展示着超自然的恐怖；在很大程度上它是生活的狂欢，反映着嬉戏与轻浮。艺术中有些部分是公共的，在户外公开展示；有些部分是非常私人的，藏在幽深的岩洞里或人迹罕至之处。但是尽管有这种明显的差异，许多研究岩石艺术——甚至仅仅是研究冰河时代艺术——的人仍然有着执著的意愿，要对它进行独特的、包罗万象的解释。实际上，这也发生在考古学的每一个方面，并且下述情况也许是学术工作的根深蒂固的毛病：只要一个人偶然发现了似乎是个好主意的论点（这通常是从其他人那里借来的，最好是借自另一门学科），那就会有无法抗拒的压力要将这一论点应用于视野之内的所有东西，并且要将一种非常不同的现象的每个侧面都硬塞进一个解释之中。

被选中的解释往往反映了当代的思想情感与偏见——早

先，史前艺术被认为是无意识的涂鸦或玩耍活动，是“为艺术而艺术”。随后，在世纪之交，随着有关现代“原始”民族在做什么的描述开始出现，某些过分简单化的观点被不加鉴别地应用于史前艺术——最引人注目的观点是，史前艺术有着帮助人们狩猎或使土地肥沃的神奇目的。在20世纪50年代，法国的结构主义带来了有关岩洞艺术的新思想，认为岩洞艺术有一种固定的与重复发生的结构，而在“繁荣的60年代”，又出现了认为岩洞艺术中的动物是性的象征符号的论点；太空时代引起了对可能的月相记录和其他天文观测的关注，这些记录与观测可以在某些史前艺术和纪念性建筑中看出来。计算机时代不可避免地引发了将岩石艺术视为一系列巨人的“软盘”或只读存储器的观点，信息被记录在这里以供存储与随时提取。当前最时髦的理论认为岩石艺术中包括大量的阴魂附体的想象，这种理论似乎

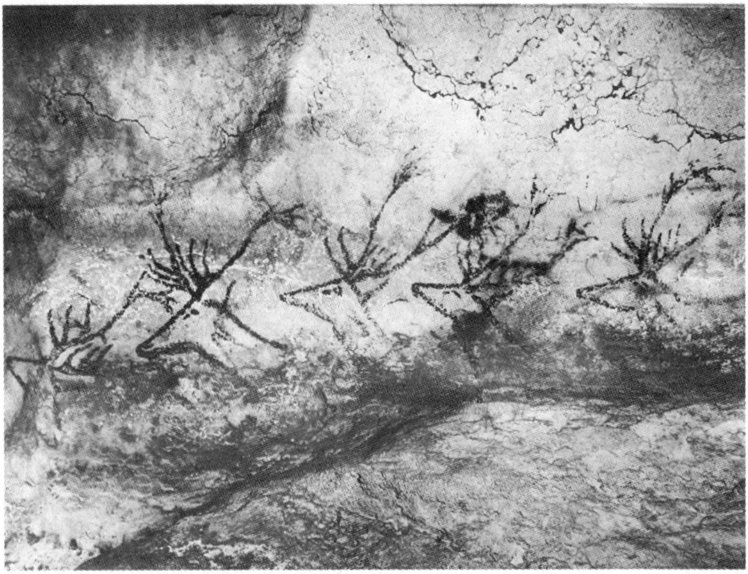
拉斯科岩洞的壁画，法国。

是20世纪60年代末期与70年代的毒品文化的直接产物，它的信奉者对神秘主义与巫师作法感兴趣，也对幻觉、意识的变幻状态以及诸如此类的东西感兴趣，这种理论在“新时代”的大众文学中达到了巅峰。

尽管这些解释全都可能有些道理，但事实仍然是，只有艺术家才能告诉你艺术代表着什么，艺术的目的是什么。我们无法确定任何东西。在一次著名的实验中，一位澳大利亚学者让某些土著人区分一组岩石艺术上的一些动物——他们的区分与由西方动物学家的推理所获得的结果大大不同：在总共二十二个形象中，西方动物学家认错了十五个，而只从表面上认对了另外七个！但是由于我们没有能提供史前信息的古人，因此将永远也无法找出这一艺术的原始意义，我们只能试图去判断它似乎在描绘什么与它的意义可能曾经是什么。

岩石艺术确实有时被用来记录与传递信息。如果有真正的手稿，那么对于认知考古学家来说就容易多了。但是首先必须译解这些手稿。这是一种高度专业化的技巧，需要一种特别的、善于分析的头脑。曾经有过一些著名的先驱者，比如商博良，他首先译解了古代埃及的象形文字（在很大程度上是在罗塞达石碑的发现之下完成的，这块石碑有着分别用埃及文字和希腊文字写下的同样碑文）。在20世纪里，一位主要的人物——现在更加受到崇拜，因为他像某些流行明星那样，在他声名达到巅峰时就死去了，当时还很年轻——迈克尔·文特里斯，一位建筑学家，在1952年宣布他已经译解了线形文字B，这是爱琴海地区的一种早期文字，是希腊文的一种古代形式（虽然这种文字是在克里特发现的，但是下述故事并不真实：有一块泥版上写着“只有弥诺斯人才是伟大的”）。但是像大多数先驱者一样，他没有得到喝彩,而是遭到来自同行专家的否定与愤怒吼叫。这在考古学的所有分支中都是很正常的。后来的事实是,不久之后,当由线形文字B的泥版文书组成的整个图书馆在希腊被发掘出来的时候,对它们的翻译完全证实了文特里斯的说法。那些专家别无选择:他们指控这个图书馆是发掘者和文特里斯共同伪造出来的!

不要认为译解文字是一门正在死亡的艺术——它仍然非常活跃,富于刺激性。在最近几年里,中美洲的复杂的玛雅文字在经过了一个世纪的不懈研究之后,才开始得到适当的理解,而来自复活节岛的更为罕见的"朗格朗格"文字也已在过去的两年中被破解了,至少是破解了其结构与一般内容,这些文字只残留在二十五块木头上。但是仍然有大量的工作要去做,还未被译解的线形文字A(来自爱琴海地区)和印度河文字(古代印度与巴基斯坦的文字)仍然是对那些希望绞尽脑汁的爱好者们的重大挑战。

一旦文本可以供人阅读了,它们显然就可以提供大量有价值的信息——有关过去的认知思维方面的信息。例如,来自古典遗址的铭文,或者殖民者所写的早期文献等等。然而,正像作为整体的历史一样,写下的文字总应当被视为是对考古学的补充,而不是它的替代物。这对于古代社会尤其如此,在古代社会里,文字被用于极为有限的目的,并且写作是少数精英的特权。但是在古典时期的希腊,读写能力广泛传播,写作几乎触及了生活的所有方面,不论是私人的还是公共的,所以文献可以提供大量的信息。例如,文献有助于我们识别艺术中的神与神话(要是没有古典文献,希腊和罗马艺术中的大多数场景将不会为我们所理解)。但是,一如既往,文献也带来了偏见,而且文献

爱尔兰纽格莱奇墓的入口。注意门口上的“窗子”，冬至那天的拂晓，太阳穿过它直射进去。

还缺少完整性。

认知考古学的一个研究领域是考古天文学——对古代天象知识的研究。正像上面已经论述过的，从冰河晚期就很可能有对月相的记录（月相确实曾经是古人能够用以测量时间流逝的主要方法），但是这种方法真正盛行起来是在史前时期的晚期，伴随着与有意义的天文事件（诸如冬至或夏至时太阳的升起）相校准的纪念性建筑的出现。从西欧的史前巨石到中美洲和南美洲文明的主要建筑，都存在着准确的校准过程，它们显示了对天体运行的深邃知识和对其重要性的理解。

顺便说一下，巨石这个单词来自希腊文的"大石头"，它的反义词是小石，用于描述非常小的石器工具，这也是考古学中另一个常用的重要术语。巨石最简单的形式是一块单独矗立的石头，就像在阿斯特里克斯连环漫画中奥贝里克斯带着到处走的那些东西——在法国和其他地方，对这样一块石头的正确名称是"糙石巨柱"。在欧洲，这类石柱有时被排布成行列与群组，或者"校准队列"，尤其在英国，它们组成圆环或椭圆环。这些石柱中的许多被认为有着天文学上的校准功能，虽然我们常常无法确定。因为在天空中有着如此众多的星体，所以总是有很大的机会使得规则或不规则摆放的石头组成的圆环出于偶然而与某些富有意义的事物相校准。然而，一些专业天文学者在20世纪60年代与70年代被神奇绝妙的考古学世界所迷惑，他们计划用复杂的计算和术语来证明史前人类有着如此强大的能力，以至于他们能够建造巨石计算机——例如，巨石阵[①]是一台巨大的、能精确预测日食与月食的机器！

一旦这些夸夸其谈被揭穿，这一领域就留给了那些更为理

① 位于英国威尔特郡萨里斯伯里平原上的巨大史前石柱群。

智的头脑，这些研究者付出了巨大的精力和漫长的时间——开始时面对着诸多怀疑（这些怀疑逐渐转变成某种勉强的接受）——着手证明欧洲的许多石头圆环确实可以粗略地，但是有目的地与天文现象相校准。它们基本上是用于计算日历的，这样农夫就能知道何时播种，何时收获。（或者你也应当假设：没有巨大的石头日历，他们也能安排好这一切？）

这种观点的主要倡导者之一是一位苏格兰工程师，名叫亚历山大·托姆，他也制定了有关不列颠石头圆环的精确计划，他确信，有一种标准的计量单位曾被用于它们的铺设——这就是他称之为“巨石码”的单位，长度是二点七二英尺。在这样的建筑物上很难进行精确的测量——这些石头常常是粗糙的，形状也不规则，那么，你如何才能知道把卷尺测量的端点放在什么地方？现在人们普遍接受这样的观点：一种标准的计量单位可能是存在的。但是，最有可能的解释是，这些纪念物的建筑者们并没有求助于复杂的数学计算，而只是使用人类的步幅作为计量单位，将他们的石头放好。

在早期社会中，人也被固定地放在他们的位置上，就像在今天一样，这可以从象征权力的实在物中看出来——从巨大的统治者雕像（拉什莫尔山[①]）到华贵的服装或身体装饰物（设计师的标签、钻石耳环），所有这些东西本质上都没有什么用，但却被精英们认为很有价值。稀少或昂贵的物质通常是样品，就像那些精制的物品一样，这些物品精工制造，却又永远也不能用于其外观上的目的（脆薄易碎的斧头、纸一样薄的青铜盾、极薄的石头矛尖）。包括这类昂贵物品的墓葬可以很有理由地被

① 位于美国南达科他州，山上雕有华盛顿、杰弗逊、西奥多·罗斯福和林肯四位美国总统的巨大头像。

断定是那些富有和/或有权势的人的，这些墓葬的作用在于突出社会的等级制度。当然，最极端的例子是那些统治者的富丽堂皇的陵墓，这些陵墓在所有主要的文明中都为人所周知——从乌尔和图坦卡蒙王到中国的兵马俑和秘鲁的西潘王。同样为人所知的是在这些及其他文明中与精英相关的、给人以深刻印象的艺术和建筑。你可能从来也不能百分之百地确定有关过去的任何事情，比如财富与地位的简单等同(毕竟要看到，今天沙特阿拉伯的极其富有的统治者们下葬时什么也不带)，但是总体来说，似乎可以假设那些拥有豪华陵墓的人生前也很富有。重要的是要注意到器物与死者一起下葬并不一定表明任何对死后生活的信仰——在某些文化中，人们相信使用死者的器具会带来坏运气，所以这些东西要与死者一起下葬。然而，陵墓中的食物是一个相当清楚的标志，表明人们希望陵墓中的死者有机会在死后的另一个世界里吃顿点心，并且由此表明了某种宗教信仰。如果你发现死者有仆人殉葬，以便让仆人到死后的生活中去继续其仆役工作，那么这也表明了同样的希望与信仰，这真是对于劳动力的极端剥削。

作为另一种维持现状的手段，宗教常常被这些社会所利用，但是从考古资料中辨识出它的存在并不总是轻松的任务，特别是在那些宗教与日常活动密不可分的社会中。然而，有一些明显的迹象可供搜寻——诸如单独建立的特殊建筑，它具有神圣的功能；特殊的固定装置，比如祭坛；以及仪式用具，比如锣、铃、灯等。在仪式中常常要用水，所以池或盆可能也很有意义，而且也可能用动物或人做过祭品。祭拜的形象和符号可能很明显，再加上对人物的描绘(在我们)看起来像是在进行祭拜的动作，与此同时，还有可能发现所奉献的食物或器物(常常被

图中文字意为：对不起，没有更多的“死后”工作机会了。请明天再来试试！

打碎或藏匿起来)。最后,重要的宗教建筑或中心常常在内容和装饰上与巨额的财富有关。

单独的任何一条都无法告诉人们很多东西,但是如果它们达到一定数量，被一起发现处于一个单独的考古学情境之中，那么,认知考古学家就有很坚实的推理基础来将这一证据解释为与祭礼相关。同样的方法也可以被用于在特定环境下发现的丰富器物的整体，诸如被扔入泰晤士河的铁器时代的武器,或者在斯堪的纳维亚沼泽中的大量金属制品,或者被玛雅人扔进契晨·伊特萨井中的大量象征豪富的器物（和人)。这不太可能——虽然理论上有可能——是由于不小心将这些东西掉进水里的,而很有可能是出于仪式的需要将它们沉入水中的。

因此,总的说来,认知考古学可以对那些早已在这个地球上消失了的人的思想做出某些正确的论断。但是,在其他领域,认知考古学的境况并没有那么乐观，而且它过多地依赖于大脑的推理而非实物。就其能达到的最好成果而言，它能基于历史的或现代的信息——尤其是关于征服者或早期传教士与殖民者的描述——或基于对物质遗存的谨慎思考，提出振奋人心的假设。但是，就其可能达到的最坏结果而言，它充满了一厢情愿的想法，特别是在试图解释所涉及的史前艺术时：它编造出"就是如此的故事"，以彻底的虚构对物质遗存做出解释。通过这些编造，这些作者表明自己是失败的小说家。

第六章

居所与社会

人类总是居住在各种各样的场所里(从粪堆到宫殿),考古学的重要内容之一就是确定人们所居住的居所的类型。只有在获悉了这一基本信息之后,你才能转向更复杂的问题,比如他们所在社会的类型。

但是,在考古学家看来,“遗址”究竟意味着什么呢?基本说来,它是你可以看到的任何地方,那里有着可以探测到的人类活动的痕迹,要不就是考古学家相信那是人类活动的痕迹。所以如果你在耕耘过的田野里找到某些燧石工具,或是在撒哈拉沙漠里找到石斧,这些地点就自动成为遗址了。当然,不是所有遗址都是居住地——例如,遗址可以是屠宰场,或是采石场、墓葬、纪念性建筑、岩石艺术所在地、不时进行祭祀的神圣场所。居住,即使是短期居住,也有着许多富于特征的痕迹:不仅是器物,而且还有“外在特征”(即不可移动的要素)、结构和各种有机体遗存与环境遗存。你可能特别希望能找到烧火的地方——毕竟,家就是有炉灶的地方。

居住遗址包括器物的少量散布地——这表明了几小时的短暂宿营——以及近东地区的众多“山岗”或山丘,在这些地方,彼此相继的城镇或城市的遗存一层压在另一层之上,时间跨度达数千年之久。为了对这些物质提出正确的问题，为了回答这些问题，人们需要确定社会的大小或规模，以及它内在的组织方式是怎样的。在一个早期的狩猎者营地上探索复杂的集中组织的表征就没有什么意义！所以，第一步就需要考察各个遗址以及它们彼此之间的关系，即“居所模式”。

考古学家喜欢将他们的资料分成不同的类别，其目的在于简化和使得大量庞杂的信息更有条理。在那些涉及年表的领域里（见第二章），他们倾向于使用三分法的术语系统，诸如早期/中期/晚期，或是下层/中层/上层。然而，就社会而言，一种四重的分类法更常为考古学家们所使用，其中的每一种类与特定类型的遗址和居所模式相联系。就像所有的考古学术语——诸如“手斧”、“旧石器时代晚期”、“尼安德特人”、“希腊陶瓶”、“饮酒民族”和其他任何术语——一样，这些名称是描述性的、假设性的与任意性的，在现实中几乎毫无根据，但它们确实起到了方便简化的作用。这样，其他的考古学家就能知道你所指的是哪个时代，哪种器物类型，或是哪类社会。

四个非常宽泛的类型是：群落、分支型社会（有时也称为“部族”）、酋长领地和国家。与考古学的年表性区分类似，这些类型纯粹是在一个连续体上任意选定分界点，所以，常常非常难以断定一个文化是属于这一类型，还是那一类型，因为有些特征似乎显得比其他特征更重要。正如在冰河时代没有人会说，“我在旧石器时代中期活得厌烦了，现在我们是不是该开始旧石器时代晚期了？”同样难以想象，早期的农夫会向他的邻居们宣布：“我要通知你们大家，从下一个月圆之夜开始，我要行使领导者的权力，要把我们这个亲密的、微小的分支型社会转变成现代的、积极进取的酋长领地，以取得最大的进步。”

1. 群落指的是由猎人、采集者与渔夫组成的小规模社会，通常人数不超过一百人。他们常常随着季节变化而迁移，以寻找、利用初级的或单一的野生资源，所以他们的遗址通常是季节性的居留营地，以及小型的、更为专门化的活动区域，诸如屠宰场所，或者制造工具(常常是石器工具)的工作场所。

他们依赖于他们的环境，所以他们居住在岩洞的入口处、岩石的隐蔽处，或者用有机体材料建成的临时性住所里(这些有机体材料包括木头、骨头或兽皮等等)。他们的大本营通常比临时营地或专业场所更坚固。这一类型的居所在旧大陆通常属于旧石器时代，而在新大陆则属于古印第安时期。

2. 部族比群落要大，其人数可达几千人，他们可能是定居的农夫，虽然有些人是从事流动性经济活动的牧人。无论是哪一种人，他们的生活主要基于家畜、植物和/或动物。他们居住在固定的农业家宅或村庄中，这些家宅或村庄组合起来形成了一种占地均等、平均分布的居所模式——换句话说，并没有哪个居所看起来占有统治地位。这一类型的体系在旧大陆与新大陆都与早期的农夫相联系。

3. 正是在酋长领地里——酋长领地的人口通常在五千人到两万人之间——标志不同社会地位的最早的真正表征变得显著起来，尽管早在冰河时代晚期就有了某些豪华的陵墓。这些领地基于等级体系而建立起来，这个等级体系依据某个人与酋长的关系远近来决定其地位，所以还没有真正的阶级结构。酋长是整个体系的关键枢纽，他雇用专门的工匠，并将定期奉献给他的器具与食物重新分配给他的侍从与臣民(酋长通常是男的)。当然，酋长与他的亲属或朋友也会有很丰富的殉葬品与他们的尸体一同埋入地下。

酋长领地通常有一个权力中心，这里有庙宇、酋长的住所和专门工匠的作坊。这一永久性的“礼仪中心”是为举行仪式而设计的，它也是人口聚居的中心，但还不是拥有官僚机构的城市：那些是第四个即最后一个阶段才具有的特征。

4. 很难把早期的国家和酋长领地区分开来，但是这一阶段的统治者（现在是一位国王或女王，有时被予以神化）有权力立法并以军队来保障法律的实施。社会分化成不同的阶级，农业劳动者与贫穷的城市居民处于社会的底层，专门的工匠处于中层的某个位置，而祭司与统治者的亲属处于顶层。当然，要缴纳税赋（我们在生命的中途就已负债累累），所以，不可避免地需要一套官僚体制，在中心城市去管理这类事务：贡金和付给政府、军队和专业工匠们的报酬的再分配过程，这一复杂过程是关键性的特征之一。

你可以从考古学的角度识别出某种城市居所的模式，在这种模式中，城市扮演了突出的角色——通常是一个大型的人口聚集中心，人口数量多于五千人，还包括大型公共建筑与寺庙。你常常可以察觉到居所的等级结构，都市处于由次级中心和小村庄组成的网络的中心位置。

考古学家通常通过对某一地区历年来已经发现的考古成果进行全面研究的方式来获得有关居所模式的信息。然而，在未知地域，或者说在尚未绘制全景的地区，他们就必须亲自去进行调查了：划定一块区域（如果区域的规模过大或是时间与资金不够充足，就选择这个区域的代表性样本），由一支工作队（通常由久经考验的学生与志愿者组成）系统地走遍整个区域，以便记录下这一地区表面上直接可见的所有考古遗迹。考古资料的集中程度和它们的类型可以表明遗址的类别、规模、时间跨度和数量，以及，在某些情况下，居所的等级结构。可以给它们贴上临时标签，诸如区域中心、局部中心、村庄、小村落、家宅、大本营或专门活动区域。

有些考古学家曾经将这种方法扩展到整个研究领域。对他们来说，特别是在研究游牧群体的时候，确定单独的遗址或者甚至一系列遗址都不再是足够的了。他们还沉溺于所谓的"脱离遗址"或"非遗址"的考古学（众所周知，有些尖酸刻薄的人将这一学科称为"不着边际"和"无意义"的考古学[①]），搜寻稀疏散布的器物（如果有的话，也许在十米见方的面积里只有一两件），这些器物分布在已被确认的遗址之间，他们进行这样的研究是为了强调如下这个显而易见的事实：因为狩猎人在整个地区活动与开拓，所以很有可能在这一地区的所有地方使用与遗失器物。

当然，如果我们拥有文字记载甚至地图，那么我们就可以轻易地判断居所和社会的类型——文字记载与地图可以回答我们有关社会与居所的许多问题。例如，我们有近东、埃及、中国、爱琴海地区和古典世界的数以千计的早期泥版文书或其他文献，它们详细描述了不同遗址与地区之间的关系，以及经济——国家机构、商业事务——和法律、王室法令、公众布告等各个方面的内容。例如，我们拥有数以百计的描述美索不达米亚苏美尔人社会的泥版文书，它们来自神庙，其中列出了土地、土地上所收获的谷物、工匠等等，还描述了诸如谷物与家畜之类的商品货物。官僚们总是一丝不苟地进行着记录。

① 这是谐音的玩笑，"脱离遗址"的原文是off-site，"不着边际"的原文是off-side，两者谐音。而"非遗址"的原文是non-site，"无意义"的原文是non-sense，两者谐音。

在另一极端，在那些游牧群落留下的遗址中，我们只能依赖考古发掘。在岩洞或岩石之内的生活区域之中，居住者的遗物可能埋藏得很深，已被埋入地下几个世纪乃至成千上万年之久，所以发掘就需要将主要精力集中于垂直方向——层层叠加的地层上，而且还要了解这些地层中所包含的东西随着时间的推移如何变化。与此相反，由狩猎人遗留下来的野外遗址通常要少得多，这些遗址的地层很浅，所以在这里水平方向是关注的焦点，要探寻的是炉火的位置分布、其他特征和器物的分组。

在很少见的情况下，人们可以区分出某一遗址反映的是单独的、短暂的居住时期，甚至有可能知道人们在哪里做了什么，这是由于对器物、工具制造的废料、动物骨骼等等的定位。然而，在大多数遗址中，人们无法区分出单独的、短暂的居住，相反，发掘者发现，在一个遗址上有着因重复活动而累积起来的遗迹，其延续时间或长或短，有些遗迹可能还是肉食性动物留下的。然而，这从来也不能阻止考古学家们运用他们那知名的、满怀希望的头脑，去将这些材料理解成好像它们全都来自一个瞬间，就仿佛时间被凝固了一样，就像庞贝毁灭或是航船遇难时的情景。实际上，对于距离我们较近时期的遗址，考古学家们也同样发挥其过度的想象力。他们喜欢构思出故事来解释他们所发现的东西为何如此呈现与排列，即使他们明知产生这一（不规整的、不完全的）遗迹的过程非常复杂并且通常非常缓慢，他们也要用非常简单的术语来讲述这些故事。

在分支型社会，勘测和发掘是给遗址定位与确定它们的布局和范围的基本方法。通常，在一个村庄中，有一些结构被完全发掘出来，而另一些则被抽作样本以便了解变化幅度。它们全都是相似的居所，还是有更为专门化的建筑?在房屋内，有可能辨认出做饭、睡觉、吃饭等等的区域，也许还能辨认出男人和女人专用的区域。

对墓葬品或陵墓中详尽细节的分析可以揭示出分支型社会在社会地位方面刚刚出现的分化，虽然要区分成就性地位与继承性地位并不总是那么容易。然而，如果儿童被伴以大量财富陪葬，那就有理由假设这些是儿童继承得来的财富，而不是自己挣来的财富。

有关这些社会的另一个主要的信息来源是它们的公共纪念性建筑——比如新石器时代的不列颠既有高出地面的围墙围成的围场，又有地下有墓葬的山丘。就这一早期的农耕时代而言，因为后来的耕作与侵蚀，我们已经丧失了大多数的居所遗址——总体来说，只找到了少量的垃圾坑与树上的洞穴。但是，我们仍然可以通过对纪念性建筑的规模与分布进行分析而获得对该社会的特定方面的某种了解。例如，在公共墓地山丘（长冢）之间的中点画线，可以将一个地区划分成大致相等的区域，这意味着每个纪念性建筑都是定居在它周围的农耕公社的社会活动中心与主要的墓地。人们曾经做过计算，要建造一个这样的长形土丘，二十个人需要劳动大约五十天，这样的墓地似乎属于平等的社会。另一方面，围场（有着同心沟渠的巨大的环形纪念性建筑）似乎是供许多人举行集中定期会议的场所，假设人们来自几个这类的小区域——在有些围场发现了来自很远地方的石斧。每个围场需要大约十万个小时的劳动，或者说二百五十人劳动四十天。在这些日子里，他们自得其乐。漫长的冬日傍晚一定稍纵即逝……

后来，这些围场营地为“石圈”所取代，石圈是一种新型的仪式围场（有外堤的沟渠围绕着的环形纪念性建筑），建造每一个这类纪念性建筑大约需要一百万小时的劳动。这意味着，动员大量的人力，也许有三百人，全天工作一年或更长时间，这些人将来自更大的区域。这种规模的劳动以及这类主要仪式中心的存在本身似乎标志着从简单的、平等的、由早期农夫所组成的社会向随后的、更为等级森严的酋长领地的转变。

更为清楚的酋长领地崛起的标志之一是石圈（包括石头圈，这是所有石圈纪念性建筑之母，它需要三千万个工时来建造），石圈周围的区域最终都被环形墓葬土丘（圆冢）填满，其中丰富的墓葬品反映着墓中主人的显赫与财富。

研究从分支型社会向更复杂的体系转变的另一条途径是研究手工艺的专门化——当然，这也存在于群落社会之中，可以在冰河时代的文化中看到，因为并不是每一个人都能创造出精美的石头或骨头工具，或是精致的雕刻与岩石艺术。在分支

巨石阵，威尔特郡。

型社会中，工艺品的生产基本上在家庭范围之内，人们可以在村庄遗址中发现陶窑，或是金属制造产生的矿渣。然而，只有在酋长领地和国家这样更为集权的社会中，你才能看到城镇和城市的整个局部区域几乎完全用于专业化的手工业——石器制造、制陶、皮革加工、编织、酿酒、金属制造和玻璃制造等等。

在那些文字记载已经遗失（像大多数酋长领地的情况那样）或是不充分（像大多数国家的情况那样）的情况下，遗址的等级只能通过考古学手段推导出来。例如，可以从城市的规模，从中央组织的表征（诸如档案馆、造币厂、宫殿和主要宗教建筑或者城防建筑）来推断这是一个都市还是一个主要的中心。当然，有可能难以明确大型建筑和（假定的）公共建筑的确切功能，而且这些建筑确实可能用于多重目的，例如，庙宇可以既有宗教功能，又有社会功能，但是城市的其他方面则较为容易判断——

图中文字意为："拉丁区？你已经到地方了，哥们儿！"

诸如专业工匠的区域，或是豪华住宅与贫民窟之间的差别。想象你今天所居住的城市成为被遗弃的废墟，地球外的考古学家在它周围进行着勘查，试图猜出他们所看到的东西是什么：他们也将能够相当准确地做出某些基本推论，虽然他们在看到诸如照快相的隔间、环幕电影院和自动洗衣店之类稀奇古怪的地方时也会如坠五里雾中，这些地方可能看起来都像是仪式中心。这种想象是很有趣的。

中央集权社会的明显的基本特征之一就是贫富之间的悬殊差别，这不仅是简单的基本财富之间的差别，而且包括在通向资源、便利和地位的渠道方面的差别，换言之，是在社会品级上的差别。如上所述，你能够很容易觉察到居室与物质财富的差别。此外，具有较高地位的人通常被雕刻在浮雕上或给人留下深刻印象的雕塑中，当然，正如前面所述，浮华的墓葬是“最终的”地位象征——总体来说，富人不会被穷人的坟墓所吞没。豪富最引人注目的展示不是《福布斯》杂志的创举或是《塔特勒》杂志的发明，而是要追溯到金字塔和金字塔之前。记住，图坦卡蒙不过是一个年轻而势力弱小的法老，那么在那些伟大的法老的墓中会埋下多少珍宝?真是令人震惊……

第七章

事物如何与为何改变?

考古学家所面临的最困难的问题也许是那些“为什么”。是什么带来了那些在古代社会中，在考古发现中清晰可见的变化?多重性、今日考古学的广阔研究范围、研究人类过去的不同方法,全都反映在当代考古学理论的多样性之中,这是只能被视为一种优势的多样性,是会激发新的洞见的多样性。所有的道路都需要去探索，即使其中的许多道路最后被证明是死路。这些不同理论部分地与实际工作者的不同感受与先入之见相关。确实,考古学试图解释过去,特别是解释在过去所发生的变化,考古学总是随着考古学家的偏好、政治倾向和社会背景,随着强调重点的不同而发生巨大的变化，这些重点包括环境、气候变化,或者技术、人口压力、侵略、灾祸等等。

这些“单一原因的”解释中没有一个是适当的,但其中每一个可能都包含某些道理。无论如何,研究领域不同的考古学家试图解释不同的事物,这取决于时代、时间尺度、遗址类型或他们感兴趣的问题。那些研究冰河时代遗址分布变化的学者与那些研究几世纪之前泥制烟斗的学者相比，两者使用的方法不同。所以,很显然,有一个包括各种解释的宝库供人们选择使用。比如,你研究的是过去的单个事件,是短期插曲,是长期图景,还是考古学的独有特性?这类问题可能包括以下这些论题:“是什么摧毁了这座城镇”,“是什么导致了考古资料中的这种纹样”,“食物生产在世界上是如何开始的”等等。你需要仔细地选择自己的解释,确信它将有助于理解所考查的问题类型。幸运的是,有充足的解释供你选择。

在许多年里,大多数考古学家满足于回答简单的有关“何物”、“何时”、“何处”与“如何”的问题,他们要么毫不理睬更艰深的问题,要么用简单化的解释将这些问题打发了事,而将注意力只集中在他们认为是“干考古”的事情上。正如费里尼[1]曾经说过的:“我不知道如何提问,即使当我提出一个明智的问题时,我却发现我并不真的对答案感兴趣。”尽管如此,他仍然拍出了一些相当好的影片(当然,也拍了一些相当差的影片)。但是,在最近几十年里,“理论考古学”已经开始流行起来,特别是在北美、英国和斯堪的纳维亚,它用非常抽象的术语讨论考古学的所有主题。每一主题都必须变得更为明确:所有隐含的假设,还有那些在诠释过程的每一阶段背后隐藏的推理程序,都被置于光天化日之下。

其他的领域,诸如古典考古学或历史考古学,仍然面向对现场的调查、对文本的分析和对真正证物的处理。例如,德国的某些考古学家就很少关注理论,他们把理论家视为纵欲狂欢中的阉人(特别是因为理论家往往有后继乏人的忧虑)。

然而,考古学一直受到理论的重大影响,不论是隐性的(甚至是无意识的)还是显性的。例如,进化的思想——由查尔斯·达尔文在他1859年的《物种起源》中最清楚地提出——就对人类的起源和发展提供了一种可信的解释,这对于当时的考古学

① 意大利著名电影导演。

家有着直接的影响,并帮助奠定了文物类型学研究的基础(见译文第18页)。在社会领域也是如此,人类进步的图式在19世纪70年代由爱德华·泰勒(在英国)和路易斯·摩尔根(在美国)建立起来,他们提出,人类社会从**蒙昧状态**(原始狩猎)经过**野蛮时代**(简单农耕)进化到**文明时代**(被视为社会的最高级形式)。有时还有第四个阶段,即衰落时代。

值得注意的是,摩尔根的工作在很大程度上得益于他对当时美国印第安人的了解,他有关人类曾经生活在原始公社状态的论断也同样来自这种了解,这一论断后来又对卡尔·马克思和弗里德里希·恩格斯产生了强烈影响,这种影响体现在他们有关资本主义之前的社会的著述中,这些著述后来又启发了20世纪伟大的史前历史学家,生于澳大利亚的戈登·柴尔德。柴尔德在他的晚期著作中,在马克思主义思想与(相对新近的)在俄国发生的马克思主义革命的影响下,提出了这样的思想:在史前时期曾经有过一场"新石器革命",这导致了农耕的发展,后来又发生了一场"城市革命",这导致了早期城镇与城市的诞生。柴尔德是最早真正关注某些棘手论题的考古学家之一,这些棘手论题包括:在过去,事物为何与如何发生,又为何与如何改变。尽管柴尔德也是一位具有非凡才能的资料综合者,从事更为传统的建立年表与类型表的工作游刃有余,但他仍然关注这些论题。对这个矛盾的解释可能在于他偏执古怪的个性与完全不合常规的生活观念:只有死鱼才随波逐流。

在美国,20世纪最有影响的思想家之一是人类学家朱利安·斯图尔德,他将他对现有文化如何发挥作用的理解用来解释文化的变迁。他不仅关注文化彼此之间如何互动,而且还关注环境是如何引起文化变迁的——他将这称为"文化生态学"。

英国的史前历史学家格雷厄姆·克拉克，从20世纪30年代以来，也发展出了一种生态学的研究方法，这种方法与同时代学者沿用的重视文物的方法大相径庭；他重点强调人类如何适应其环境，这使他能够组织起各类专家——他们能够辨认植物与动物的遗存——以相当准确的细节重建过去的环境与生活。这一开创性的工作为现代考古学的一整个分支奠定了基础。

到20世纪60年代，这一类型的“科学”考古学已经相当成功地建立起来，伴随着确定绝对年代的方法（见第二章）的兴起，常常可以非常迅速地确定年代了，所以，确定年代也不再是研究的主要目标了。这样，就有可能转向，或者将大得多的注意力投入到真正富于挑战性的问题，而不是简单的年表或文化分类的问题。正是在这里，不满开始突显了：在一场使人联想起不愁吃喝的少年反抗他们自鸣得意的父母的运动中，一些“愤怒的青年人”（特别是在美国的中西部）开始诋毁考古学研究当时所采用的方法，特别是——也有某种正当的理由——将简单化的解释强加在对资料的类型的解释之上，诸如移民、侵略、融合或模糊的“影响”之类的解释。石器工具或陶器的类型总是会被视为像人一样，到处移动并相互杂交产生出新的类型与模式。当然，移民与侵略确实在过去发生过（例如，太平洋诸岛的最初的殖民化过程），但是它们也许并不像以前人们所想的那样频繁，或者并不那么直接表现在考古学资料上。

最激烈的抵制来自被称为“新考古学”（注意“考古学”的美国式拼法archeology），又被称为“程序考古学”的学派（因为这一学派强调程序性的诠释或对一个社会内不同的工作过程的研究）。撇开各人的个性不说——具有讽刺意味的是，这些年轻人现在也已垂垂老矣，大腹便便，胡须花白，被更年轻的一代视为过时且令人厌烦的人物——考古学发展中的这一篇章的正面影响是什么呢?首先,它鼓舞学者们对于能够从过去的物质痕迹中抽象出来的信息种类和数量抱有更为乐观(甚至理想主义)的态度。它使考古学推理的所有阶段都变得更为明显。所以一种理论不再仅仅因为是由X提出的而被接受,在这里,X是考古学公认的权威或受尊敬的大师。每一论证都必须基于逻辑的框架,基于稳固的、经得起检验的假设。尤为重要的是,重点被明确地置于解释之上而非描述之上。人们不再使用早期考古学的简单概念(影响、迁移等等),而是将文化作为系统与子系统来分析。人们对于人与环境的关系、人与生计和经济的关系,对于不同社会单位之间的互动给予了极大的关注:社会的不同侧面如何发挥作用,它们如何组合在一起促进了长期以来的发展,并由此促进了考古学材料中的一般适用性“规范”的建立。

当然,其中许多是由斯图尔德、克拉克和许多其他先驱者所发动的运动的自然扩展,还有硬科学和计算机技术在所有分析领域的新贡献,以及从地理学、科学哲学、生态学等等学科输入的思想(这种输入并不总是成功的或恰当的)。实际上,在对新颖学科的绝望探寻中,新考古学家不论来源引进了如此之多的各种各样的概念,毫无疑问这些概念中鱼龙混杂、玉石并存。考古学变得像是一块巨大的海绵,浸泡在由各个学科组成的整个海洋中,不断吸收并整合着理论观念与技术的碎片。

不幸的是,新考古学对于“传统主义者”的嘲弄很像党派的对立斗争——摇旗呐喊并抨击对手所说与所做的一切。理论成为个人的标志,个人选择理论就像选择党派与教堂。选择某种理论意味着隶属于某个群体,理论开始拥有仰慕者,就像通俗明星那样。新考古学家组成了一个“内部群体”,这样,所有其他的人就自动被归为“外部群体”——对传统主义者的原则与实践的口诛笔伐据说主要出于对他们缺少理论与他们的方法不科学的蔑视。但是，正如斯蒂芬·杰伊·古尔德曾经指出的，对理论保持沉默并不意味着缺少理论。年轻的新考古学家未能理解，研究考古学有不同的方法，所有的方法都是合法的，在某种程度上也都是有效的。

他们的咄咄逼人与穷凶极恶——不仅对他们的对手，而且（尤其）对彼此也是如此——是骇人听闻的：如果你有一个弱点，欢呼！但是新考古学家最让人反感的两点是他们的傲慢（他们总是固执己见，还做出一副屈尊俯就的样子），以及他们晦涩难懂的语言——这两点都很糟糕，因为它们妨碍了一种基本的、孤注一掷的真诚，并极大地削弱了这种研究方法的积极方面的影响力。行话到处泛滥，并被当成思想的替代品——夸夸其谈通常掩盖着真实信息的极度缺乏。他们不只是不善于表达他们的意思，在许多人看来，他们根本是无话可说。他们不承认这一点，大声呼号而且一再重复。

所有这些过分激烈的自夸与霸道在某个转折点到来的时刻引起了狂欢——看到一个爱吹牛的家伙直挺挺地摔了个脚朝天总是很开心的。自然，它会产生某种益处，但如果你明白宣布你的观念，而这一观念摔了个底朝天（正像所有观念那样），你会受到重创。随着时间的推移，愤怒逐渐消逝，因为倡议者认识到，人类行为不存在奇妙的普遍规律（这种规律据说能从考古资料中抽象出来，它既不琐碎也不显而易见。如最著名的例子是，“随着某个遗址人口的增加，储藏地窖的数量将会增加”）。倡议者还认识到新考古学的大多数研究已经不能实现它所许下的大量承诺，它曾经承诺在重建过去方面会有一个光辉的、新颖的、“科学的”明天。激动而富于反抗精神的青年不可避免地成熟起来，进入中年人的讲求实干的境界。对于绝大多数考古学家来说——特别是那些不在英国和北美的人，考古学仍然“一如既往”。狗在狂吠，可商队还是走过去了。

然而，不可避免的事情还是发生了，“新考古学”很快就被更新的研究方法所取代，现在轮到“新考古学”遭到更年轻的顽童们的诋毁，他们热切渴望着说出些标新立异的话，留下深远的影响。程序考古学被贬为“科学家式的”或“功能主义的”考古学，依赖于生态学解释，并且过分关注生活的功利层面。我们现在有了过多的研究方法，而主题已经被实证主义者、结构主义者、后结构主义者的令人作呕的吵闹讨论所淹没了。

一种名为“后程序”或诠释考古学的研究方法已经崛起，它融合了来自文献研究和来自历史学与哲学的各个领域的影响。它拒斥那些似乎是新考古学目标的普遍化，强调每个社会与每种文化的唯一性与多样性。此外，它还断言，新考古学的另一个目标，客观性，是无法达到的，并且正确地强调指出，不存在解释过去或进行研究的独一无二的或正确无误的方法。结果，每个观察者都被赋予了对过去发表见解的资格，这必然造成了一种“怎么都行”的局面，在这种局面下，无知者、骗子或是科幻作家都被视为与那些学识渊博的专家具有同等资格！研究重点开始转向过去的象征层面与认知层面（见第五章），过去社会的观念与信仰，以及早已故去的个人的行动与思想（人们决定要尝试“进入他们的头脑”——这恰恰不是一桩轻易的任务）。

在考察理论考古学时必须铭记在心的重要一点是，迄今还没有人在论述有关过去的任何侧面时可能是完全正确的——尽管如此，我们究竟怎么才能知道我们是对还是错？知识不过

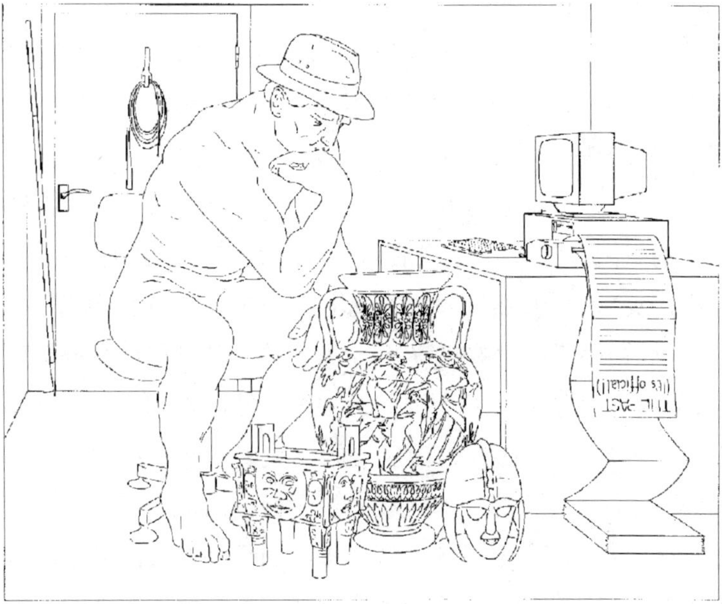

现实的鸿沟(Ⅰ):有些考古学家希望他人这样来看他们(用他们看他们自己的方式)……

是一种猜测,不断地经受着各种检验。证明、真理和客观性这些词汇并不适用于一个由猜测构成的世界。我们只能努力工作以增加我们对这些猜测的信任程度。考古学涉及的是概率,显然,基于可靠资料的明智假设**可能**比那些凭空想象出来的、毫无论据支持的东西(一种完全没有基础的假设,或者缩写为UGH①)要更贴切一些。

要记住的另一个关键点是,理论考古学不应当被看得太严肃——去嘲笑那些确实被它迷住的人是很容易的。实际上,它

---

① 这是一个幽默的双关语,UGH既是“完全没有基础的假设”的缩写,又是表示厌恶、恐怖的象声词,可译为“呸”、“啊”等。

是必不可少的。最糟糕的是许多被它迷住的人变得粗暴而又牢骚满腹，已经忘记了它在考古学中应当是多么伟大、丰富和灿烂的。

但是具有讽刺意味的是，在多年的枯燥、抽象的论战之后，越来越多的理论家现在正在转向现场考古工作，而对过去所发生的变化的解释也正在变得越来越复杂，并融合进越来越多的因素（这些解释被称为“多变量解释”），这样做的结果是这些解释可能更为贴近现实。即便如此，我们仍然永远也无法成功地再现“真正的过去”，这种过去是无限变化的，是复杂的。我们所能做的也就是希望能阐明某些起作用的基本因素与影响，正如历史学家所做的一样。

现实的鸿沟（II）……以及一种对于考古学家的看法

图中文字意为：（左）边缘：“我真奇怪怎么这么吵？”（中）核心：“大男子主义的垃圾袋！”“后结构主义者撒谎！”“程序论者反动！”“你他妈的要什么？”打！揍！打！嘭！狠打！评论！理论！棘手的事实！（右）恼人的混乱：公众家庭

玩世不恭的人曾经争辩说，许多理论考古学的研究所包含的不过是找出显而易见的问题的毫不惊人的答案，这些问题以前根本没有人有时间、手段或者意愿去问。由于许多这类抽象思维从来也不能被应用于实际的考古资料，而只能应用于理想化的模型与计算机模拟，而且，不能用有意义的语言或用对外行（见第九章）来说有趣味的术语来传达它们，所以，这一主题的基础被完全忽略了。考古学的理论家们常常编造出美丽动人的，并且非常令人信服的故事，只是这些故事被下述这一事实给玷污了：这些故事与真理，与由考古资料所构成的真实世界没有任何相似之处，只有越来越少的凡人在力图把握这些真理与这个世界。

第八章

少数与女性

直到最近，考古学家都被视为——或至少他们自视为——无害的与无罪的信息寻求者，他们只会为他们所工作的地区或国家做有益的事，通过激活过去唤回昔日的光荣。但是，自从20世纪70年代以来，他们和人类学家一起受到了来自各个方面的辱骂诽谤，这对他们来说是极大的震动。他们不得不面对种族主义、欧洲中心论、新殖民主义、盗墓和大男子主义这样的指控（不一定是同时做出所有这些指控，也不一定是按照这个顺序）。考古学家的黄金时代结束了：它“砰”地一下从天上掉到了地下，还得对自己的实践与目标进行长期的、吃力的与批判性的检查。

在过去，总体来说，考古学家——在殖民主义或西方占据优势的背景下——感到他们有权在他们所中意的任何地方工作或挖掘，有权去打扰死者的安宁，有权去将人类遗骸与神圣的物品移到博物馆中，而无须当地人民最简单的许可或无须与当地人民进行最简单的协商，这些当地人只不过是被雇用为向导和劳工，甚至根本不被理睬。然而，现在，有些土著人群体已经开始大声疾呼，而且很强势，特别是在北美和澳大利亚/新西兰，他们正在提出要求。

其中有些要求，诸如与当地人进行协商并寻求他们的允许、忠告和帮助这类简单的礼貌性举动，是完全合理的。正像一位美国土著人在1989年的一次有关“重新安葬”的会议上所说的：“你只需要敲敲门问一声。为什么你要爬进窗户来偷盗呢?”大多数考古学家和人类学家也赞同归还属于已知个人的新近的人类遗骸或特别神圣的物品(诸如美国西南部的祖尼人的战神，这些东西显然是被抢劫来的，因为祖尼人**永远也不会**同意移动它们)。

当土著人的要求范围更广泛，以至于包括**所有**人类遗骸(包括非常古老的样本)或整个文物收藏时，问题就来了。在某些情况下，他们甚至荒谬到了极端，例如，在美国，甚至现在从考古遗址发掘出来的自然脱落的几股人类头发也被少数美国土著人宣布为人类遗骸(因此是神圣不可侵犯的)，并要求归还它们!

好人、坏人和不道德的人

当我最初开始研究考古学时，那是在20世纪70年代早期，考古学还是一门自视甚高、自负甚强的学科，主要由来自“优等民族”的人们所从事，他们研究多少由他们选定的任何东西与任何地方，只有战争与自然灾害才是对他们的自由探寻活动的阻碍。我回想不起那时曾经在文献中或是讲座上碰到过有关道德的话题。知识首先由考古学家获得，向考古学家的圈子公布(职业优先，同仁互敬)，然后才向受过教育的公众开放，最后——如果有的话——才轮到其他人。

具有讽刺意味的是，正如我们已经看到的，考古学家不仅把文物当成人(见译文第70页)，认为石器工具制造业或者陶器

镶有镀金马刺的一副完整人骨架的墓穴，米库莱斯，南摩拉维亚。

样式会杂交或迁移，而且还把人类遗骸当成文物。没有人会去争取得到“有关的尸体”的允许再开始发掘。甚至那些信奉“移情”的研究方法、试图将自己植入那早已死去的头脑中的学者，也只是将墓葬当作信息源，而没有感到有什么不对。正像伟大的移情论者莫蒂默·惠勒爵士在一次电视采访中所说的：

> 我不相信扰乱安宁（的说法）……这只不过是一种传统的情感。不，如果你挖出了一个周围环绕着陶碗和其他东西的人……他们已经死了。他们已经死了很长一段时间了……而且他们从那时起就死了很长一段时间了……他们现在仍然是死的。但他们周围是各种所有物，我们对这些东西很感兴趣。这些东西帮助我们把我们历史的一小部分变成眼前的现实，舍此我们别无其他办法做到这一点。

它们使我们能够重建这一世界以及我们生活的历史。而我认为这是值得的。我们并没有伤害这些可怜的家伙。当我死了以后，你可以把我挖出来十次，这与我无关……我的鬼魂不会缠住你的——真的。

正如一个古老的考古学玩笑所说的，“如果我得死，那么就这样来想念我：我是一座扩展的墓葬，有着B阶段的墓葬品。”

然而，到20世纪70年代末，第一阵不满的呼声就开始从北美和澳大利亚的土著人，从以色列的极端的正统派犹太教徒那里传来，这些不满涉及对古代人类遗骸的搅扰、研究与展出。过去的二十年中，人们已经看到了环境的剧烈变迁，在这种环境下，一个曾经秘密的问题已经成为了重大的新闻和主要的论题。澳大利亚和北美的博物馆归还了自己的藏品并召开有关这一问题的会议，这表明道德和过去的不端行为已经越来越为考古学界所关注。

在澳大利亚和北美，本地土著曾经受到白人骇人听闻的对待，而白人除了希望从他们手中把他们的国家拿走，通常并不打算伤害他们!在过去的几十年里，土著人民的政治权力日益增强，他们将注意力集中于殖民时代的错误做法，包括神圣遗址或墓葬遗址被考古学家和人类学家所亵渎的无数实例。澳大利亚的土著人和印第安人被视为实验室中的样品，他们的所有文物——人类遗骸与器物——在众多博物馆中的命运已经带有了巨大的象征意义。即使在一个国家内也没有单一的、统一的土著传统，因为土著人对于死者的态度非常多样。但是由于道德问题是不容辩驳的，考古学家们已经开始尽其所能地纠正错误，归还了大量物品，以供重新安葬或妥善保存。道德准则也已在许多国家中得到采纳，这些国家感谢考古学家对那些死者（考古学研究的就是这些死者的生活）的仍然活着的后裔的尊重，感谢考古学家和他们进行磋商的做法。未来在于默许、磋商、妥协和土著人在研究的所有阶段的参与。工作关系已经得到了改善，并且越来越多的土著人现在开始感激考古学为他们的历史和文化的重建所做出的贡献。

在这一问题上的冲突现在似乎已经结束，相互尊重与合作关系显然已经建立起来，除了在以色列（在那里，好斗的、极端的正统派犹太教徒仍然强烈反对所谓的对坟墓的亵渎）。正统派的抗议者们试图阻止发掘，他们跳进墓葬的岩洞，在遗址里恫吓考古学家，还用电话和信函骚扰在家中的考古学家。发掘者们不得不在夜间工作，还派出用于转移注意力的发掘队去进行"伪发掘"，以转移人们对真正遗址的注意力。正统派的政治党派发誓要继续进行抗议，反对"对我们祖先陵墓的亵渎"，考古学家已经不得不同意立刻重新掩埋在挖掘中所发现的任何人类遗骸，即使这会妨碍任何人类学研究的进行。

尸体与盗贼

值得反复强调的一个事实是，过去对死者的打扰绝不都是由考古学家所为，这种打扰也绝不仅限于外国土著人的遗骸，有些早期的考古学家确实具有良好而高贵的意图。盗墓有时被称为"世界上第二古老的职业"，迄今为止，盗墓还是很盛行。例如在埃及，公元前20世纪的法老们不得不任命了一个委员会来调查对位于底比斯山谷的陵墓的大规模盗掘。几乎所有的埃及普通石筑坟墓都在古时被洗劫一空，留给我们的只是那些其中的墓葬品不值得冒险与费力的坟墓。没有一座皇家陵墓能完全逃脱这一厄运,即使是图坦卡蒙王的陵墓也是如此。

在北美,这一现象在最初的清教徒移居北美的时期就出现了,清教徒们将印第安人的墓葬品视为“毫无正当理由地在地下腐烂”,而根据早在1610年的记载,他们的理由是要通过盗墓来“解放”这些东西:人们为盗墓辩护,说它是一种宗教行动,有助于破除野蛮人的迷信。但是他们知道马萨诸塞州的印第安人认为损毁死者的纪念物是不敬的和残忍的。

反过来说,大多数考古学家不应当承担种族主义者与盗贼的恶名。有些早期的发掘者可能确实比强盗也好不了多少,但是不能将今天的专业人员与过去的掠夺者等同起来。并且无论如何,许多墓葬都是由于风雨侵蚀、工程建筑等等而意外地被发现的,需要对它们进行“抢救性”或“救援性”发掘。

人类遗骸和墓葬确实在考古学史上具有头等重要性,但它们仍然只是考古学家所研究的一小部分论题。我们今天已知的考古遗址要比所有活着的考古学家几辈子所能研究的还要多,在博物馆与学术机构中还积压着无数尚未发表的发掘成果与资料。今天确实没有理由去对墓葬进行研究性发掘,实际上这种发掘在世界上的许多地方都已基本停止了——如上所述,抢救性发掘现在是考古学能遇到死者的主要机会。所以需要解决的基本问题是:应当如何进行抢救?对已经出土的并得到照管的遗骸应当做些什么?

人类学反对重新掩埋骸骨的主要理由是,我们甚至还没有对骸骨进行准确的分析,而且新技术将得到发展,将可以从遗物中获得更多的、不同类型的信息。这当然是真的(虽然对死者来说这简直是不起作用的安慰),但是,新技术要么会涉及外部特征(在此情况下,一种好的模型应当既富于启发性,又富于原创性），要么会涉及内部特征（诸如遗传物质），为此目的，一小块样品就足够了，因此，一种折衷的解决办法可能是从每具骷髅上保存一块牙齿或骨骼的碎片。无论如何，总会有成千上万的骷髅供研究使用，这些骷髅存放在全世界的博物馆中，没有人要去重新掩埋它们。在较敏感的地方，诸如北美和澳大利亚，当地土著人对这一问题的看法差异也很大，许多当地社团也很乐意对遗骸进行某种分析。新样品的供应不会枯竭，因为抢救性发掘肯定将会继续下去，随着发展与建设的步伐加快，发掘量甚至还会增加。所以把某些收藏重新掩埋可能并不像初看起来那样，是对“科学”的沉重打击。

考古学像其他学科一样，有着自己的责任，考古学家不应当粗暴地对待其他少数群体。考古学家的基本困境是，如何一面表示对过去人的尊敬，一面有意打扰他们的遗骸、毁坏他们的陵墓并移出他们的尸体与墓葬品。在某些方面，重新掩埋是个复杂的问题，涉及许多因素，对每一具体情况给出答案、时间表与细节确实太过琐碎。但是，总体来说，考古学已经有了进步——在这一问题上，它不再那样大叫大嚷“无心的过失”，而是更多地认识到这是一种罪孽。如果说坏医生埋葬了他们的错误，那么好的考古学家就应当重新埋葬他们的错误。

过去，考古学家会将所有的反对意见视为无知的表现，认为这些反对意见侵犯了他们在任何地方，以任何方式进行研究工作的某种固有的、不可剥夺的权利。他们非常珍视他们的自主性，狂热地捍卫这种自主性，讨厌别人在任何事情上对他们说教，并力图不受干扰地从事他们的专业。然而，现在他们不得不承认，其他群体对考古学家希望研究的材料也有合法的权利或正当的利益。他们不再是过去遗产的唯一保卫者，而且他们的工作有巨大的社会意义。

对女性的思索

据说，有充足的理由证明，考古学家传统上是男性中心论者（倾向于男性），这不仅反映在其基本术语（例如“早期人类”①）中，而且也反映在其学术重点之中。考古学认为某些东西是男性的，诸如狩猎的技术与标枪之类的工具，所以，人们曾经论证说，考古学必须在专业实践与理论解释两方面明确地与性别偏见做斗争。人们希望我们已经比J.P.德罗普有所进步，德罗普在他1915年的一本书《考古发掘》中，曾经反对女性参加发掘，因为男人们在紧张的时刻无法在女士在场的情况下发泄他们的真实情感！正如他写道的：

> 我从未见过一位受过训练的女发掘者工作……但是，就混合发掘而言，我看到了某些东西……在发掘之前和发掘之后，我认为（女士们）很有魅力。但在发掘进行之中……她们的魅力就看不到了……我可以想象一个男人非常幸福地与他的妻子进行一次小型发掘，撇开婚姻不谈，我认为混合挖掘意味着轻松气氛的丧失，随之而来的是效率的丧失……这样的时刻……终将发生……当你要不加掩饰地说出你心中所想的时候，在女士面前……你又不能这么说。

但是，即使在更近的时代，妇女在职业考古学中的日子也

① 早期人类的原文是early man，其中的man既有“人类”之意，又有“男人”之意，因此被认为有男性中心论倾向。

不好过。正如安娜·谢泼德所说：

> 我非常清楚地意识到多数人认为一个姑娘不适合进行现场考古工作，就所谓的野营生活的“不舒适”与“艰苦”而言，我认为这种观点纯属笑话……然而，由于这种普遍的观念，一个姑娘就必须显示出某种特殊的天赋才能在考古学中获得机会。通过实验室工作来获得现场考古工作的机会似乎是最为实际可行的。

所以，重点现在被明确地置于性别研究上，这受到人们的欢迎，因为这可以使更多的人意识到应该将两性平等扩展到当代生活的所有方面，包括学术领域，而且还会有助于我们理解古代社会是如何运作的。然而，所谓的“性别考古学”实际上是女权主义考古学——姐妹们从事它只为了她们自己的需要。

公开声称的目的是要集中研究考古资料中的性别差异（两性之间的社会与文化差异，而不是生理差异）。但是尽管说是这样说的，实际上很清楚，恰恰相反，主要的目的并不是以无性别歧视的方式重新研究史前的男人与女人，而是使女人在过去的历史中变得更突出可见。这是一个完全值得称赞的目标，随着有关女人在史前时期、在古代埃及、在罗马时代、在北欧海盗时代或者在任何其他时代的著作大量涌现，这个目标现在也非常时髦。这一现象是“女权主义”研究的一部分，“女权主义”研究的目标是要揭示出考古材料中迄今为止被忽略的侧面。同时世界范围内还在召开更多的会议，这些会议通常由同一班底的角色来组织或者由他们来唱主角。虽然宣布说这些会议是关于“考古学中的性别”的，但实际上这些会议以压倒之势集中讨论

图中文字意为：（左）狮身人面像是个男人！（右）狮身人面像是个女人！

女性问题，与会的是一大群女考古学家，加上少数勇敢的男士（他们也许渴望着政治上的正确立场）。因此，“性别”这个词处于遭到强暴的严重危险之中，就像以前的gay[①]这个词一样。

在过去，考古学书籍或论文的（占有支配地位的男性）作者习以为常地使用man（人、男人）或men（人们、男人们）这两个单词来指所有人类。你可以理解现在这在某些妇女看来很不是滋味（虽然许多女考古学家继续使用这些单词，即使是在北美），但这大多并不怀有公开的性别歧视的目的。我怀疑这甚至会发生在美国考古学家罗伯特·布雷德伍德身上，他的著作《史前人

① 该词最初的意思是“愉快的、浮华的”，后来演变成“放荡的、同性恋的”，再后来又变成了“（男性）同性恋者”。

类》(1975)可能会被视为具有性别歧视色彩。在这类著作中甚至没有特别提到女人,在大多数情况下,女人通常和男人一起被称为"人"(people)——或者,用法语来说,被称为les hommes。(例如,1995年出版了一本由一位相当年轻的、思想开放的法国女考古学家撰写的著作,题目就为《拉斯科岩洞时代的人类》!)这类术语并不仅仅意味着男性。然而,新近的一批书籍特别略去了男性的性别,这似乎是故意要做性别歧视的事儿。关键的差别就在于是无心之失还是故意犯错。

无疑而且值得强调的是,学者们常常将某些活动视为完全由男性从事(例如狩猎、石器工具制造与岩石艺术),然而人种论研究表明女性也经常从事这些活动。男性学者们要么忽略这一事实,要么准备忽略这一事实,结果产生了一幅有关过去的扭曲图像。但是女权主义者根本没有避开这种扭曲(虽然她们有正当的理由来抱怨这种扭曲),而是同样地忽略或是撇开男人从事"女性"活动的实例。无论如何,认识到女人制造石器工具几乎不会产生任何影响。工具不具有性别特征:即使未来的分析技术能探测到石器工具上的外激素或交配外激素的痕迹或者血迹的残存,可以确定这些东西是属于男性还是女性,这也只不过告诉我们,哪个性别的人是最后接触它们的人,这也不能揭示出它们是由哪个性别的人制造或长期使用的。

我们有关哪个性别做什么的任何详细知识都来自人种史与人种论研究,而不是来自考古学研究。我们只能以现代的眼光审视过去的资料,由此重建过去,除此之外别无他法。但是人种论如何能够帮助"发现"过去的女人呢?

基本的问题是,人种论通常能够为考古资料提供一些可能的解释。曾经有人指出,即使是富有的女性墓葬也不一定表明墓葬主人有任何权力,这可能只不过反映了她丈夫的财富(当然,相反的命题也同样适用于富有的男性墓葬)。事实上,很难看出男人、女人甚至儿童各自的角色(儿童现在也开始受到注意了)如何能够由考古发掘所提供的单薄证据予以确定。性别考古学最重要的启示就是考古学是有关人的——不仅是有关男人的,也不仅是有关女人的。

希望清除固着于许多传统考古学研究之上的性别歧视,使得人们更多地意识到女性在过去社会中的作用与重要性,并且集中研究不同时期的妇女,这是非常值得称赞的。然而,在摆脱过去的男性中心论的同时,钟摆有摆向另一极端的危险,性别歧视可能是双向的。正如阿尔伯特·加缪所说:“奴隶始于要求公正,终于要求戴上王冠。他必须在轮到他的时候把握住机会。”

要矫正过去的大男子主义,就要选择一种平等而中立的考古学,而不是女权主义的考古学。如果像倡议者们所声称的,她们不是仅仅试图使女人在考古资料中变得明显可见,那么“女权主义的考古学”还有存在下去的必要吗?仍然有很长的路要走,但**真正**向前的道路是和谐的、没有性别歧视的考古学,而不是女权主义的考古学,那只不过是传统的硬币翻了一面罢了。

第九章

将过去呈现给公众

考古学的终极目标——如果这有任何意义或正当理由的话——必定是将它的发现不仅传递给学生与同事，而首要的是传递给公众，那些最终为考古学工作签字付支票、为考古学家发薪水的人。但是，人们还是会发现这样的实例：考古学家们太忙了，没有时间干这个，或者令人吃惊地，他们甚至没有感到有必要把他们的时间花在这上面。就在最近，一位奥地利教授并非因为学有专长，而只不过是在恰当的时机处于恰当的位置，全凭机缘巧合开始负责对1991年发现的史前阿尔卑斯山“冰人”的研究工作（这是少数几个真正引起了大众兴趣的考古学发现之一）。他竟然这样写道，将他的研究成果告知公众并不是他份内的工作——这真是对任何由公众资助的学术所能做出的最惊人、最无耻的声明。

当然，将过去呈现在整个世界面前是一种巨大的责任，其中很重要的一个原因是我们不能客观地进行这项工作。我们过去认为可以做到这一点，这只不过是将我们的发现加上某些说明文字放进玻璃罩里或是书本里以供公众享用。然而，近些年来，由于对理论的兴趣（见第七章）与来自各个方面的攻击（见第八章），考古学家陷入了自省。他们已经逐渐认识到，通过他们对文物、主题与方法的选择，他们正在不断地将他们自身的偏见和信仰，或者他们的社会、宗教、政治观念，乃至普遍的世界观投射出来——一切都处于考古学家自身背景的影响之下。他们的成长环境和教育，他们的社会地位，他们的兴趣、教师与朋友，他们的政治与宗教信仰，以及他们的盟友与敌人：所有这些东西都影响了他们对过去的观念，而实际的证据常常只能敬陪末座。

我只举一个例子来说明个人的信念可能具有怎样巨大的影响，让我们来回想法国最伟大的史前考古学家之一加布里尔·德·莫尔蒂耶的故事。他于1821年生于一个旧式的、信奉天主教的和拥护君主制的家庭之中，他在九岁那年被送进一所耶稣大学。这一经历极大地影响了他才能的发展，加重了他那已经十分严重的精神紧张，并在他心里燃起了长达一生的对教士与宗教的憎恶：笞杖和鞭子那时仍然是常用的惩罚工具！作为一个业已成年的年轻人，他的社会主义活动和共和主义活动使他受到教权主义者与保皇党的追捕，于是他不得不逃离法国，避居海外。最终，他成为了一名史前考古学家，并在1864年回到巴黎，创办了《素材》（这是世界上第一本有关这一学科的杂志）——在那时，对人类文物的研究仍然遭到教会的白眼。他在为一项美好而公正的事业而战。不幸的是，他的个性也很可怕。他咄咄逼人，脾气又很坏，在学术上常常不够诚实，还爱记私仇，睚眦必报，而且出言不逊，不能容忍任何顶撞。他后来创办了形形色色的刊物，其目的通常都在于摧垮与之竞争的出版物，这些刊物都惊人地偏袒自己一方，发表并过高赞扬他的学生与盟友们的论文，忽视或诋毁其他学者。他对所有的新理论都漠不关心，因为他确信如果这些理论不与他自己的理论相符，那它们就是错的。最后，他那好争辩的、专横的个性使他与周围隔绝开来，他已经封闭了他的心灵并认为他自己永远正确。

虽然德·莫尔蒂耶的许多个性缺陷仍然可以在今天的权威考古学家身上发现，但与我们在此的论述最为相关的还是他对教会的敌视，因为这种敌视的影响深刻而持久。虽然他是进化论的拥护者，但他从未想到宗教也会像石器工具一样进化，或者宗教可能是人脑的一种自然产物。相反，他执拗地固守着这样的信念：宗教是一种欺骗，是由新石器时代的祭司所发明与传播的骗局。由于墓葬通常与宗教观念的存在相联系，所以他无视所有的证据，宣称在新石器时代之前没有埋葬的风俗，所发现的每一个旧石器时代的墓葬都常常被他认为是从其他时代侵入的。直到他去世之时，他论述史前史的畅销著作仍然宣扬着这样的奇谈怪论：在新石器时代之前的成千上万年中，人们的生活里完全没有宗教的痕迹。

阿尔塔米拉岩洞的绘画：立着的公牛。

更为激烈的是他对冰河时代岩洞艺术的反应，也许它也使他联想起了寺庙或教堂中的壁画!他直接对它的存在本身提出了疑问，当1880年首次宣布在西班牙的阿尔塔米拉岩洞的顶上发现了绘画的时候，又是德·莫尔蒂耶提醒考古学同行们说，这也许是反进化论的耶稣会教士为了让史前考古学家丢脸而设置的骗局。这不仅使岩洞遭到轻蔑的拒斥，使对岩洞艺术的接纳被推迟了二十年之久，而且还是西班牙地主桑兹·德·索图拉英年早逝的主要原因。德·索图拉宣布了对阿尔塔米拉的发现，而令他感到惊恐的是，他被贬斥为天真无知、居心叵测的人。

德·莫尔蒂耶于1898年去世，他的反教权主义导致的第二个主要错误发生在此后十年之后。在1908年，三位教士在法国发现了著名的圣沙拜尔的尼安德特人骷髅。他们没有将它送到由德·莫尔蒂耶创立的反教会的人类学学校去进行研究，而是将它托付给了马塞兰·布尔的实验室，这个决定对于我们对尼安德特人的看法产生了巨大的影响。布尔受到他自己的老师、庇护人和朋友阿尔伯特·高德瑞的很大影响，高德瑞不相信尼安德特人可能是现代人类的祖先，所以，虽然布尔认识到圣沙拜尔的骷髅是一个老人，他的脊柱显示出骨关节炎的迹象，但他仍然坚持认为这一遗骸表明尼安德特人不能完全直立行走，尼安德特人不过是某种弯腰曲背、蹒跚而行的动物。由于他在这一领域拥有压倒性的权威，所以直到20世纪50年代之前，这一骷髅都没有再进行详细检查。人们非常肯定他对尼安德特人生前状态的再现，所以许多其他尼安德特人的遗骸甚至都没有被详细地再现或报告，这说明了过分依赖有影响人物的见解会带来危险——即使在今天，这一学科的各个方面仍然存在着这种可以理解而又令人气恼的依赖倾向。

于是,再一次地,一种有关人类过去的固定观念——在这个例子中,尼安德特人是次于人类的动物——可以追溯到人际间的盟好与对抗关系上来。对过去的研究、解释和呈现与社会背景和参与者的倾向密切相关。人们总是需要铭记在心的是,学者们在他们的工作与职业生涯中"来自"何处,又"去往"何方,这样,我们才能完全理解他们所选择的"接受虚构"的类型,这些虚构是他们用来论述过去的。

但是,谁来定义呈现给公众的过去呢?在欧洲较为古老的博物馆中,19世纪的观点与解释仍然存在于许多展出之中。但是,近些年来,至少在西方已经开始尽力去连根拔除殖民主义、种族主义和性别歧视的最为错误的先入之见。文物经常不再以艺术品形式单件展出,而是呈现在它的历史情境中,或是在教学性展示中表示出它们的功能。在过去的二十年里,博物馆研究已经成为了一门独立自主的重要学科,为公众选择与展示考古资料也变得越来越复杂。

需要在教育与娱乐之间达到精妙的平衡:以前的那种布满灰尘、死气沉沉的博物馆展出急需更换,但也要避免另一极端——那种将过去简单化、删除不宜公开的内容、按主题罗列的展出方式。大量的考古学论著仍然是干巴巴的宏篇巨制,其中充满了行话与空话,它们的读者对象是其他学者。但是,人们对曾经被称为"高级普及读物"或信息量充足的普及读物的需求日益增长,这种读物也就是浅显易懂、可读性强的综合性读物,它们能够吸引外行与初学者,又不至于内容空洞或缺乏准确性。这类书看似简单,但实际上撰写起来极为困难,我很高兴这样说——否则我就要失去工作了。天哪,公众中更容易上当的人(从销售额来推断,他们似乎人数非常多)通常成为有误导作用的书籍或彻头彻尾的欺骗性书籍的牺牲品，这些书籍为他们编造了有关古代宇航员、湮没的超级文明如此等等的荒唐故事。

其他媒体也正在日益涉足这一行当。欧美的许多国家开始为公众出版以全球考古学为内容的出色的彩色杂志（这些杂志对学生与专家也有价值）。出于某种理由，英国——尽管有大量公众对这一学科感兴趣——从未成功出版过一期这种类型的杂志，现在只有两种杂志是有关英国考古学的，而且不幸的是，还有另一种杂志是专门供文物商人阅读的。

电视和影像制品也成为了将过去呈现给公众的主要载体，并且始终保持着高收视率，甚至当节目很糟糕时也是如此。最好的节目不仅将观看节目的公众送往那些他们可能永远也负担不起观光费用或者无法进入的地方，而且以一种不偏不倚的、有节制而又热情的方式呈现这些考古资料，避免了骗人的把戏与耸人听闻的、不顾后果的吹嘘。

发掘者常常认为公众是他们工作的障碍，但是更为精明的发掘者则认识到通过激发公众的兴趣可以获得潜在的经济收益与其他额外收益。所以他们组织开放日、发放宣传单、进行媒体报道，只要有可能就组织这些活动，有时甚至组织付费旅行。在日本，只要发掘一结束，就进行实地演示，而且在前一天就将细节发布给新闻界，这样公众就可以在参加演示之前在当地的晨报上读到有关演示的报道——因为他们总是成群结伙地去。

很显然，公众对考古学有着贪婪的胃口，考古学自从对墓葬山丘的早期发掘（见第一章）和19世纪当众解开埃及木乃伊的包裹开始，就已经成为了某种形式的娱乐活动。这一娱乐现在有了更为科学、更有教育意义的形式和目的，但仍然必须与其他具有通俗吸引力的学科竞争，如果考古学要获得发展或者生存下去的话——如果公众的资助枯竭了的话，那么考古学中的一大部分也将枯竭。

我们现在正处于大众旅游与“遗产工业”的年代。常常被提出来作为如何娱乐与教化公众的范例的是英格兰北部约克郡的约维克中心。在这里，发掘者不仅鼓励公众在20世纪70年代后期对北欧海盗遗物进行发掘的期间来参观（五年时间内总共有五十万参观者），而且继续再现部分遗址，将街道和房屋作为新博物馆的核心展示出来。这个博物馆是全世界在一个考古遗址上曾经建立起来的最受欢迎与财政上最成功的一个博物馆。这个中心位于一个现代商业区的旁边。电车载着参观者“回溯时间”，经过茅草屋顶的房屋、工场和船只。在这些建筑结构的内外是真人大小的、身穿北欧海盗时代服装的有机玻璃人，同时扩音设备为繁忙的街道提供了嘈杂声音的气氛，成人和儿童操着真正的古老的斯堪的纳维亚语，甚至恰当的气味也被包括在内，诸如猪圈和厕所周围的气味（这特别受到年轻参观者的欢迎，就像那些胡乱涂画的糟糕的明信片一样）。电车随后穿过模拟的发掘现场，参观者们穿过一个实验室的大模型，其中展示了如何研究文物与有机体的遗骸，最后到达了文物展览厅与礼品商店。

如此，这一中心将一个特定的遗址和时代呈现给公众，并在其中扮演了非常重要的角色，同时在解释考古学的发现和诠释发现成果时也采取了一种富于想象力的新方式。在财政方面，中心已经资助了在约克郡的新发掘，中心的成功——自从它于1984年开放以来，在头十年中已经有超过八百万的参观者来访——已经导致了在英国其他城镇和其他国家创办类似的展览。法国的拉斯科岩洞的复制品（这是十分必要的，因为真正

图中文字意为:今日当众启封木乃伊!招募街头顽童!

的岩洞已不能再承受大量的旅游者了)于1983年开放,每年同样要接待数以万计的参观者,虽然在这里,天哪,参观者交纳的昂贵的入场费并没有被用于当地的考古研究。

遗产工业面对的基本困境是保存文物的最高要求与公众参观他们自己遗产的基本权利之间的矛盾——换言之,如何测量大众旅游对考古遗址的已知的或潜在的影响。随着考古学日益受到人们的欢迎,再加上轻松的航空旅游的时代已经来临,一些城镇、地区乃至整个国家——诸如中国、秘鲁、墨西哥或埃及——已经非常依赖考古旅游。根据联合国的估计,到2000年时,旅游将成为世界上最重要的活动:旅游业已经提供了6%的工作岗位。这种趋势在某些方面是健康的,因为公众对考古学的认识与欣赏对于该学科在这个财政紧缩的年代里的生存与发展是至关重要的,但是也存在不良的后果。最为严重的是损坏与侵蚀的危险,正像前面所说的;还有遗址,甚至旅游者可能成为恐怖主义的目标,就像曾经在秘鲁高原和尼罗河谷所发生的事件那样：这些事件说明，以这种方式可以很容易就吓跑大量的旅游者，并且因此——几乎不费吹灰之力——会对国家的经济产生巨大的影响。例如，到1995年为止，伊斯兰宗教激进主义者的袭击已经使埃及政府损失了超过二十亿美元的旅游收入——埃及的经济状况不佳，这笔收入是这个国家的主要硬通货来源之一。1997年，卢克索的五十八名游客被枪杀，使埃及又损失了七亿美元。政治也可能会对考古学产生负面的影响，这一点可以清楚地从斯大林时期的俄国与希特勒时期的德国对考古学的误用中看出来。

然而，政治在考古学中偶尔也会表现出温情的一面。例如，在剑桥大学教授旧石器时代历史的查尔斯·麦克伯尼总是回忆起一战时在北非的情景，他当时是一名军官，他曾经命令手下挨着一条干涸的河道建起营帐——他选择这条河道是因为它那更新世时期的斜坡。当士兵们工作的时候，他自己动身沿着这些坡地去寻找旧石器时代的工具。过了一段时间之后，他抬起头来看看，突然注意到，在河道的另一侧的斜坡上，有一个德国军官也在干着同样的事！"于是我们彼此招招手，手里还握着麦芒！"

事实上，正如我们通过阅读本书所看到的，现代考古学有着许多侧面并且扮演着许多角色。它可能为一小撮无耻之徒出于个人目的所操纵，也可能被大多数真正的学者所掌握，这些真正的学者只希望研究过去并将信息传达给渴望知识的公众。因此，现代考古学所留下的唯有对明天的考古学的前瞻与推测。

第十章

过去的未来

历史学家被留在对阴影的永恒追逐之中，他们痛苦地认识到，他们没有能力完满地再现一个已经逝去的世界。

西蒙·夏马

虽然考古学是“有关过去的东西”，但它仍然是一门非常年轻的学科，它的许多基本技术与理论都是新近才发展起来的，随着它的生长与成熟，它一定会更加兴旺与多变。这部分归功于新的主要发现：不仅是那些吸引小报注意的惊人发现，而且还有那些对我们对过去的看法做出小小贡献的发现，诸如将一个事件或一个文化现象确定为更早的年代。“考古学的乐趣”及其激动人心之处就来源于这些新的进步，也来源于已经积累起来的宝藏与信息，还有我们的认识（有关过去的图景处于永恒的变化之中并且永远也不会终结）。例如，综合了有关澳大利亚史前考古资料的最好的一本著作是约瑟芬·弗勒德的《梦幻时代的考古学》，这本书在仅仅十二年中已经出到了第三版，而最后一版与第一版几乎没有相同之处，有关这个国家史前史的知识竟发生了如此巨大而迅速的变化。其他课题，诸如人类的起源，或更简单的，现代人类的起源，也正在迅速变化，书籍还没有出版就已经过时了。

似乎未来的重大发现中的大部分将来自完全偶然的发现，诸如冰人或肖维岩洞的发现，因为几乎可以断定，研究性发掘将会持续减少（与此相反，“抢救性”或“救援性”发掘将随着道路建设与城市发展步伐的加快而日益增加）。这部分是因为能使我们“看”穿地表而无须掀开土层的新技术尚未构想出来（这种技术很有用，因为通过仔细而辛勤的发掘来移去土层是非常耗费时间与金钱的）；部分是因为在全世界有大量积压起来的已经发掘出来的考古素材仍未予以分析与发表，需要对它们进行研究（这些藏品已经使我们的博物馆仓库爆满了），也需要对已经研究过的素材提出新的问题；还有部分原因是因为我们日益紧迫地感觉到需要保存好我们已有的东西，而不是去挖掘更多仍然安全地躺在地下的遗址。

确实，保存将成为整个学科的主要焦点之一，因为我们试图保存世界上大量的遗址、建筑和文物以及上百万已知的岩石艺术图像。许多最著名的遗址已经处于极大的危险之中——狮身人面像受到极端气候与附近贫民窟的污水渗漏的影响；图坦卡蒙陵墓已遭到地层断裂的威胁与1994年洪水造成的毁坏；巴基斯坦的莫亨朱达罗遭到了侵蚀与盐碱腐蚀；雅典的卫城受到了污染与天气变化的影响，这种天气变化已经使黑色真菌在大理石深处生长；位于西班牙塞哥维亚的古罗马时代的高架水渠受到了汽车废气的污染、恶劣气候的影响，甚至快速空降的不良作用!来自加利福尼亚格蒂保存协会或世界纪念性建筑基金会的富于献身精神的工作队正在大力保存与加固全世界不同时期的遗址与纪念性建筑，但是即使是格蒂保存协会那似乎取之不尽的财源比起要保藏所有人类遗产所需的巨额来也不过是沧海一粟。因此,将不得不做出艰难的抉择(不仅是选择保存哪些东西,而且要决定到底是把钱交给考古学研究,还是交给在某些人看来更值得或更紧迫的事业),并且要继续付出巨大的努力来记录那些更易受损的东西,诸如岩石艺术、手稿等等。

与此同时,新技术将会扮演日益重要的角色。例如,在记录岩石艺术方面,摄像机与计算机改良技术正在日益频繁地使用,图像将用数码技术来储存,新的标准化刻度(由国际岩石艺术组织联合会颁布)将测量与某些基本色彩结合起来,使得我们在未来,在幻灯片或底片的颜色消退很久之后(它们总有一天要退色的),能够用计算机来再现照片当初的精确色彩。这是一种不同类型的保存。

然而,对考古遗址与素材的主要威胁在很大程度上并不是自然环境或人为疏忽,而是人类以各种方式造成的损坏。正如我们已经看到的(见译文第94页),考古学受欢迎的程度持续增长也有着负面影响,大众旅游带来了"爱考古学到死"的风险,因为上百万双脚的踩踏与上百万只肺的呼吸导致了遗址的日益损坏,更不用说由野蛮的人故意进行的破坏(幸好非常少),或者,不是那么故意地,因战争或军事演习引起的损坏了。例如,军队在萨里斯伯里平原与法国南部的演习曾经造成了巨大的破坏。随着冷战威胁的降低,他们在史前的墓葬山丘上发动了他们的坦克和火力攻击。

然而,还有另一个破坏性要大得多的因素,它已经陪伴我们成千上万年了(例如古代埃及的陵墓盗贼,见译文第81页),但在近些年来出现了暴增——这就是对考古遗址的劫掠,有些

图中文字意为："卖给这位先生……"

人一心为了钱而挖掘，只搜寻值钱的东西而通常摧毁其他的一切。战争可以在很大程度上帮他们的忙，例如，在黎巴嫩，敌对状态导致了对这个国家的古物的大量劫掠，上千吨的文物被武装人员与肆无忌惮的商人偷偷运出海外。柬埔寨的吴哥窟在武装冲突期间遭到了迅速破坏，这应归咎于对维护的长期打断，也应归咎于在波尔布特统治期间的大量劫掠。位于喀布尔郊外的阿富汗国家考古博物馆仍然在各个武装派别为争夺国家统治权而一决雌雄的战火中屡遭蹂躏与洗劫。

这种劫掠中最悲惨的一面是信息的丧失，发现物与它们的原始情境被相互割裂开来。在我们的眼里，这些器物可能是美丽的，但是它们可能提供的信息是无法计算的。这就好像是观看19世纪不知名人士的没有解说词的照片与观看带有关于日期、主要事务以及如此等等的全面解释性说明的图像之间的差别。前者偶尔也会是惊人的、漂亮的或有趣的（例如，照片中人物所穿的时装），但是人们会从带有说明的图像中获得多得多的东西。这就是古物收藏家们所不能把握的东西——他们知道每件东西的价格，却不知道每件东西的价值。

其实，现代收藏家们才是真正的罪魁祸首。你不能真正指责第三世界的赤贫农民在土地里寻找"值钱的"东西，因为他们从出售一件这样的好东西中得到的钱要比一年的辛勤劳作所得还多，这可以养活他的全家。但是在其他国家，诸如英国和美国，有组织严密的职业劫掠团伙，他们不仅装备有高科技的设备，而且全副武装。如果没有成熟的市场，如果大门被有效地关上（就像几年前打击象牙交易那样），那么价格就会下跌，市场就会消失，交易就会下降。但是如果情况相反，那交易就会火爆起来，即使有些国家制定了严厉的法律也没有用。例如，在中国，盗掘古代墓葬并将文物走私到国外的盗贼可能被处以死刑，但是，还是有大量的文物流入香港地区，并且其速度还在迅速增长，这些文物再从这里流向遍布全世界的收藏家。仅在1989年和1990年，盗贼们就洗劫了中国的四万座古代陵墓。1994年上半年，香港海关截获了价值五百五十万美元的文物，这个数字是1993年的四倍，这里截获的只是其中很小的一部分。1997年中国海关截获了一万一千二百多件文物，1998年上半年约六千件左右。与此形成对照的是，1998年英国海关将1994年截获的三千件文物归还给了中国。

曾经有人一针见血地指出，"收藏家就是真正的窃贼"。许多收藏家试图为他们的行为辩解，他们声称，要不是由于他们，所有这些优美的艺术品都不会被保存下来，博物馆没有财力来照看好它们的收藏品。这两种观点似乎也有几分道理，但是下面这个丑陋的事实就使得它们不攻自破了：正是市场与那天文数字的价钱最终填饱了盗掠的恶徒，这些价钱是收藏家们为了装饰他们在瑞士的公寓或者曼哈顿的壁炉台而付出的，这些价钱每年都使数以万计的古代坟墓与其他遗址遭到洗劫，然后消失。现在，甚至连博物馆也遭到抢劫，包括那些已经公开展出的物品（这些物品因此永远也不能公开拍卖），这些物品被抢劫明显是为了使某位恶劣、自私、疯癫的自大狂能够独自心满意足地凝视着它，同时拍打着一只白猫并梦想着他或她能够主宰世界，或者也许是杀死某个人。

考古学流行的较为光明而民主的一面是：全世界遗产中心与博物馆蓬勃发展，彼此之间有计算机终端相联；非常现代化的展览令人震惊、富于教益、充满趣味；人们有地方可以动手进行某种实验考古学研究；"发现传承中心"甚至还提供"会见考古学家的机会"（不要一下子都挤上去）。全息图已经出现在较为有钱的博物馆中，虚拟现实技术正在得到发展，使得人们能够去参观早已不复存在的遗址（诸如中世纪法国的克卢尼修道院），或者那些不能对大众旅游者开放的遗址（诸如冰河时代的经过艺术装饰的拉斯科岩洞与考斯奎尔岩洞）。因此，最终大量的考古旅游将在家里进行，人们坐在扶手椅中，这将减轻对遗址的压力，虽然旅游业与旅游者们更为广阔的视野对新的研究领域又构成了压力。

所有这些东西都还处于初创期间，仅仅十年或二十年前还是闻所未闻的，所以，在看到这一新技术在日新月异地飞速发展时，不可能想象这一领域，或者新的定年法，或者卫星勘测，或者关于人类及其养殖的植物与动物的起源与发展方面的遗传学痕迹，未来会给考古学带来什么。可以确定的是将来会更加依赖科学技术专家。可以有把握地说，以少量素材做更多研究的趋势（见译文第12页）将会继续下去。与此同时，在那些土著社团反对对史前遗存进行新的现场考古研究，或者要进行这种研究就必须与土著人社团进行协商的国家里（这种情况已经发生在澳大利亚和其他地方），将可能会日益重视历史考古学的研究。

我们可以有几分把握地说，未来的考古学将会继续隐匿个人特征，继续其远离伟人与“名人”的趋势，这种趋势我们现在已经看到了。考古学的焦点无疑仍将继续对准我们的基本假设的弱点，认定其他群体也对过去的遗存有主张的权利。人们对这些有着日益明确的认识——某些少数群体的好斗行径（见第八章）将迅速传播到世界的其他地方，诸如南美洲和非洲。

图中文字意为：（左）虚拟现实“拉斯科岩洞”更衣室（右）“你还没准备好吗？”

然而，只要考古学可以继续“交货”[1]并因此赢得公众对它的资助与支持，它就将继续繁荣下去，因为它仍然是可以研究人类过去的几乎所有部分的唯一学科。只有考古学能够告诉我们有关过去的真正具有根本意义的事件——人类首先是在何时、何地以及如何出现的，艺术、技术、文字的发展，农业、复杂社会、城市化的起源与传播。这些还只是遍布世界的研究者殚精竭虑地加以研究的各种各样的大量课题中的几个，而在每个领域都有大量工作仍然有待去做，要将更多的碎块拼入有关人类过去的巨大拼图玩具之中。由于具有独一无二的长期视野，考古学是我们观看这张“大图”的唯一手段。

① “交货”的原文是delivering the goods，既有交货之意，又有履行诺言、不负众望之意。此处语意双关。

如果我们要知道我们正去往何处,那么我们就需要去追溯我们的轨迹,去看看我们来自何处。这就是为什么考古学如此重要的原因。

索引

（条目后的数字为原文页码）

A

B

C

D

E

F

G

H

I

J

K

L

M

N

P

R

S

T

U

V

W

Z

Paul Bahn

ARCHAEOLOGY

A Very Short Introduction

with illustrations by Bill Tidy

For Ann, Steve, James, and Philip

Contents

Preface

Exactly forty years ago, Vere Gordon Childe – one of this century's foremost prehistorians as well as one of the subject's greatest eccentrics – published a book called *A Short Introduction to Archaeology*. The present volume has no pretensions to equal its predecessor except in brevity.

Indeed, this little book is merely intended to whet the appetite by presenting some rudiments of the subject of archaeology in the hope that the reader may be stimulated to delve more deeply into its rich literature, to carry out some research or fieldwork, or, in the case of students, decide to take it up as a university course. You may not find employment at the end of such a course, or even at the end of a Ph.D.; but in these days when even the 'safe' areas like banking no longer guarantee a job for life, you might as well enjoy yourself while you can, and – as the late Glyn Daniel often emphasized – archaeology is nothing if it is not about pleasure. Inevitably you may need to shift and sieve a lot of earth, memorize some boring dates, wrap your tongue round meaningless jargon, and try to grapple with the Sumo wrestlers of theory, but at the same time you will be transported into a world of art and artefacts, temples and tools, tombs and treasures, lost cities and mysterious scripts, mummies and mammoths . . . And although such things are scorned or dismissed by purists as vulgar and unrepresentative of modern archaeology, it would be a strange youngster indeed who was not first turned on to the subject by its exciting or spectacular aspects.

If you were to ask members of the educated public, in any country in the world today, to name a living archaeologist, it is a safe bet that hardly any of them would come up with a single example other than the fictional Indiana Jones. Such is the power of Hollywood, and such is the anonymity of present-day archaeology. The great characters of the past are all gone – we shall probably not see their like again – but an army of mildly eccentric and dedicated professionals and amateurs are hard at work around the globe, trying to make sense of the past. You too could join their ranks, and this book may help you decide whether you're cut out for the job. If you want to became a professional, there are three basic routes: do a university course in archaeology, do a course in museum studies, or find employment in a regional unit or (in America) in Cultural Resource Management to gain practical experience. You may never become a great archaeologist, but if you can't do something well, just learn to enjoy doing it badly.

Oh, and don't expect to get rich.

'GREAT ARCHAEOLOGISTS OF THE PAST' DIG
SIR HERBERT FROOM
F.S.A.
1873-1968

List of Illustrations

Introduction

> There are few hobbies that tend to make one so healthy and philosophic as that of prehistoric archaeology.
>
> (*The Times*, 18 January 1924)

In *The Secret People*, one of his lesser known early novels, John Wyndham had one character say: 'He's an arch . . ., arch . . ., anyway he digs for things which aren't no manner of good to anybody.' That is certainly a radical view, and a widespread one at that, of what archaeologists do. At the other extreme one can wax lyrical, like Carsten Niebuhr, that 'He who calls what has vanished back again into being enjoys a bliss like that of creating' – and certainly some archaeologists are so proud of their 'creations' that they consider themselves to be godlike in many ways.

To the general public, archaeology tends to be synonymous with digging, as if this is what practitioners of the subject do all the time: in the British satirical magazine *Private Eye*, any archaeologist is automatically described as 'Man with beard in hole'. Cartoons usually depict archaeologists as crusty old fogies, covered in cobwebs, and obsessed with old bones and cracked pots. Of course, all of this is perfectly accurate, but it only reflects a very small part of the subject. Some archaeologists never excavate, for example, and very few of them spend most of their time at it.

So what exactly *is* archaeology? The word comes from the Greek (*arkhaiologia*, 'discourse about ancient things'), but today it has come to mean the study of the human past through the material traces of it that have survived. The term *human* past needs stressing, because archaeologists do *not* – contrary to what many of the public believe, thanks to the Flintstones, and Raquel Welch in that memorable fur bikini – study dinosaurs, or rocks *per se*. Those are the realm of palaeontologists and geologists; dinosaurs had been extinct for tens of millions of years when the first humans evolved.

Archaeology starts, really, at the point when the first recognizable 'artefacts' (tools) appear – on current evidence, that was in East Africa about 2.5 million years ago – and stretches right up to the present day. What you threw in the garbage yesterday, no matter how useless, disgusting, or potentially embarrassing, has now become part of the recent archaeological record. Although the majority of archaeologists study the remote past (centuries or thousands of years back in time), increasing numbers are turning to historical periods and even quite modern phenomena – for example the Nevada nuclear test-site, the huts of Polar explorers, and even Nazi bunkers and the Berlin Wall have attracted the attention of archaeologists lately!

In the late sixteenth century, William Camden, the first great English antiquary, described the study of antiquities as a 'back-looking curiositie' – in other words, a desire to know about the past – and many of the people who are involved in it are certainly curious in every sense. It is a subject that seems to act like a magnet to eccentrics, but its vast span ensures that it contains something to suit all types. The shy, lonely introvert finds contentment shut up in some dusty room, poring over old coins or bits of pot or stone, while the brash extrovert can spend weeks out in the field surrounded by a large team of unbelievably hearty people.

One of the joys of archaeology is that the whole world is your oyster, providing you can raise the funding to do the work. You can stick a pin in the globe, or choose any time-period to focus on: there will always be some archaeological problem to investigate, be it in dense jungles, deep caves, burning deserts, or freezing mountains. Nor do you need to be limited to the land – if such is your bent, you can become an underwater archaeologist or specialize in aerial photography. Since the subject encompasses all of our history, you have the whole gamut from fossil humans to the medieval or industrial periods from which to choose; anything and everything from studying the crudest pebble tools, barely distinguishable from natural stones, to analysing satellite photographs for data on archaeological sites.

You may choose to excavate intensively, or carry out extensive surface surveys, spend your time on the classification of different types of objects, or the most abstract kind of theorizing, telling everyone where they are going wrong and how nothing is correct. You can spend your time in a library or a laboratory. You may work in a museum or a regional archaeological unit, devote your life to teaching or to original research (a few people even manage both), or you can stay outside the 'profession' and be branded an 'amateur' or 'avocational archaeologist': 'amateurs' have made a huge contribution to archaeology over the years, and continue to do so, although the occupants of academia's ivory towers often patronize and sneer at them. In fact many 'amateurs' can be far more knowledgeable than the 'professionals' and often far more dedicated than those who see archaeology as merely a career, or a way of earning a living rather than as something which fires their passions, and consumes their weekends and every scrap of spare time. Naturally, this can be taken too far, and there is nothing worse or more tedious than those – professionals or amateurs – for whom archaeology is an all-devouring obsession. It helps to keep the subject in perspective, and remind oneself that we are basically just nosing around in dead people's left-overs and trying to guess how they lived their lives.

If you fancy a fairly active or exotic approach, but don't wish (or have the ability or funding) to excavate or survey, there are plenty of alternatives: for example, experimental archaeology, or 'ethnoarchaeology' (see p. 28), or rock art research. You can stay in your armchair, or travel the world, practising your language skills in either case. You may need to investigate the behaviour and habits of wild animals, or the rudiments of farming; you may find it useful to consult people who are experts in traditional crafts such as stonemasonry, woodworking, shipbuilding, or potting, or who are skilled in navigation or astronomy. In other words, doing archaeology is like going to a whole battery of evening classes all at once.

The range of possibilities is endless, so inevitably this short book will be very far from exhaustive. It can take a look at only a few of the main areas of concern of present-day archaeology, to whet your appetite and stimulate your own back-looking curiosity.

One of the qualities most archaeologists need to have in abundance, regardless of their speciality, is optimism – i.e. the belief that they can say something meaningful about the past based simply on its material remains. The basic problem they face is that very little evidence survives of most of the things that ever happened in the past, and of this evidence only the tiniest fraction is ever recovered by archaeologists, and probably only a minute portion of what is recovered is correctly interpreted or identified. But don't let this put you off – on the contrary, most people use this situation to their advantage: some by devoting time to drawing lines through gaps in the evidence to produce sequences of phases or types; others by simply ignoring how terrible and unrepresentative the data are, and using them regardless to produce stories about the past. As Harvard biologist Stephen Jay Gould has written, 'So much of science proceeds by telling stories – in the good sense, but stories nonetheless. Consider the traditional scenarios of human evolution – tales of the hunt, of campfires, dark caves, rituals, and toolmaking, coming of age, struggle and death. How much is based on bones and artifacts and how much on the norms of literature?'

THERE'S ONLY YOU AND ME LEFT, COLONEL!

You might think you're on safer ground with historical archaeology, but not a bit of it. Naturally we know more about some aspects of these cultures because they left written records, but all historians know that you still have to take bias and inaccuracy into account. For example, all the surviving texts and eyewitness accounts concerning Custer's crushing defeat at the Battle of the Little Bighorn – which took place as recently as 1876 – are substantially different not only in terms of what happened and how, but even in basics such as numbers on either side. As A. J. P. Taylor said, history is not a catalogue but a version of events.

One can, of course, also find pessimists among the ranks of archaeologists – those who believe that the waste products they study have no use, and that, in a sense, the same is true of themselves. Archaeology is undeniably a 'luxury' subject, which constantly needs to justify its existence (p. 93), but at the same time it is one which the majority of the general public find fascinating and entertaining, as shown by its consistently high viewing figures on television (especially if Egypt is involved), and which contributes immeasurably to world tourism (p. 95).

In more personal terms, it is a subject in which one can thoroughly enjoy one's work, and meet or be in close touch with scores of friendly and like-minded people around the globe, particularly at conferences. Conversely, the degree of territoriality, bitchiness, backstabbing, and vicious infighting for some reason goes way beyond what is normally encountered in other disciplines. If you are planning to enter this field, you need the hide of a rhinoceros. There are inevitably a few archaeologists who are pompous, hypocritical, dishonest, pretentious, self-promoting, and unprincipled, but that does not stop them doing well in the profession. Quite the contrary, in fact. (Alas, I'm unable to name some examples here, much as I would like to, but they know who they are.)

So – to sum up – archaeology is the very broadest of churches, with something to offer everyone, and which welcomes everybody – even, or especially, misfits, nerds, and the socially challenged who should find it more fulfilling than trainspotting or surfing the Internet.

Since nobody *knows* what happened in the past (including the recent historical past), there will never be an end to archaeological research. Theories will come and go, and new evidence or discoveries will alter the accepted fiction that constitutes the orthodox view of the past and which becomes established through general repetition and widespread acceptance. As Max Planck wrote, 'A scientific truth does not triumph by convincing its opponents and making them see the light, but rather because its opponents die and a new generation grows up that is familiar with it.'

Archaeology is a perpetual search, never really a finding; it is an eternal journey, with no true arrival. Everything is tentative, nothing is final.

Lest the above sound a trifle jaundiced, rest assured that archaeology remains tremendous fun, and can be so exciting that a truly extraordinary find like the Iceman or the Terracotta Army can ignite the interest of the whole world. Few other subjects can say as much.

Chapter 1
The Origins and Development of Archaeology

Archaeology – like nostalgia – is not what it used to be, so where did it come from? What is the 'archaeology of archaeology'?

Most human beings have some interest in the past: indeed, together with the fact that we know we are going to die and that we are uniquely capable of destroying our planet this may be one of humankind's distinguishing characteristics. It seems likely that humans have always been curious about the traces left by their predecessors – we can never know when this began, but there are many cases where ancient cultures seem to have collected or even venerated even more ancient objects: for example, a fifth-century Thracian princess in the Balkans had a collection of Stone Age axes in her grave. In North America; Iroquoian sites of the fifteenth and sixteenth centuries AD contain artefacts made thousands of years earlier; while in South America Inca emperors are said to have collected the spectacularly pornographic pottery of the Moche culture, already centuries old.

The earliest known 'archaeologist' was Nabonidus, king of Babylon, who, in the sixth century BC, excavated a temple floor down to a foundation stone laid thousands of years before. In D. W. Griffiths' magnificent silent epic *Intolerance* of 1916, one scene has the following caption: 'Belshazzar's father has a red letter day. He excavates a foundation brick of the temple of Naram-Sin, builded 3,200 years before. Incidentally, he remarks that Cyrus, the Persian, Babylon's mighty foe, is nearing the city.' This suggests that even the earliest pioneers of archaeology were obsessed with their subject and prone to absent-mindedness.

Not that 'archaeologists' were always like those of today. In fact, in Greece during the first centuries AD the term denoted a category of actors who recreated ancient legends on stage through dramatic mimes! The term archaeology, as understood today, was reinvented by a seventeenth-century doctor and antiquary of Lyons called Jacques Spon. He also proposed the word 'archaeography', but that one fell on stony ground.

In the Roman period, Julius Caesar's soldiers discovered many tombs of great antiquity when they were founding colonies in Italy and Greece; they rifled them for pots and bronzes, which were sold for high prices in Rome, an early example of grave-robbing and a trade in antiquities. Even the emperor Augustus was said by the historian Suetonius to have collected 'the huge skeletons of extinct sea and land monsters popularly known as "giants' bones"; and the weapons of ancient heroes'.

By medieval times, people in Europe were becoming intrigued by 'magic crocks', pots (probably cremation urns) which mysteriously emerged from the ground through erosion or the actions of burrowing animals. At the same time, humanly-worked flints and polished stone axes were constantly turning up as farmers ploughed their fields. According to popular belief, these artefacts were elf-shot or thunderbolts, and in fact they were venerated and collected by peoples as far afield as Africa and India, often being used as amulets or charms. In Europe, many found their way into the 'Cabinets of Curiosities', collections of natural and artificial objects put together by early antiquaries, and the realization slowly dawned in more enlightened minds that these 'thunderbolts' and 'magic crocks' were in fact the humanly made relics of ancient peoples. At the same time, discoveries of Greek and Roman sculpture were inspiring contemporary artists to study Classical forms, while wealthy families began to collect and display Classical antiquities.

It was in the sixteenth century that, in north-west Europe, some scholars really began to question Francis Bacon's claim that 'the most ancient times (except what is preserved of them in scriptures) are buried in silence and oblivion', and recognized that information about the ancient past could be derived from the study of field monuments; a whole series of antiquaries in Britain, Scandinavia, and elsewhere started to visit and describe monuments. The seventeenth and eighteenth centuries saw these activities grow into a more systematic interest, accompanied by increasing numbers of excavations. While most digs were intended merely to retrieve objects from the ground, a few pioneers treated the work like a careful dissection, noting the relationships of artefacts to different layers of soil, and realizing that, on the whole, objects from upper layers must be younger than those from layers below.

This new approach to interrogating and reading the ground and the landscape like a document led to a craze for barrow-digging – i.e. excavating the burial mounds of north-west Europe or North America. This was above all a leisure pursuit for gentlemen, clerics, doctors, businessmen, school teachers, and the like; even today, these professions make a noble contribution to 'amateur' archaeology.

It was really only in the early to mid-nineteenth century that archaeology took over from antiquarianism, in the sense of aspiring to be systematic and scientific about the vestiges of the past. This was the period when, through discoveries in western Europe of stone tools in association with now extinct animals, the great antiquity of humankind

The excavation of *Taylors Low*, Wetton, May 1845

was first established and eventually became generally accepted. By the end of the nineteenth century, true archaeology was already a flourishing enterprise, with many of the 'greats' hard at work – Petrie in Egypt, Koldewey at Babylon, Schliemann in the Aegean, Pitt-Rivers in Britain. For most of these pioneers (with the possible exception of the slippery and mendacious Schliemann) it was no longer a treasure-hunt but a search for information, and a means of answering specific questions.

Through the twentieth century, thanks to the efforts of a whole series of major figures such as Wheeler in Britain and India, Reisner and Woolley in the Near East, Uhle and Kidder in America, Bordes and Leroi-Gourhan in France, it has become a massive, multi-disciplinary undertaking, drawing on the expertise of innumerable fields – from geophysicists (who can detect something of what lies beneath the ground with a series of gadgets) and aerial photographers, to zoologists, botanists, chemists, geneticists, and a whole gamut of scientists who can produce dates from archaeological material or from the sediments that enclose it (p. 17).

There have been two major trends over time: first, excavation has become far slower and more painstaking. Instead of setting about the archaeological layers with pickaxes (or even explosives!) as in the past, each layer is carefully shovelled, scraped, or brushed away, and everything is sieved, so as not to lose any scrap of information the earth might hold. For instance, down the 'Pit of Bones' at Atapuerca, Spain, a chamber deep inside a cave, that holds the skeletons of scores of people from at least 200,000 years ago (in fact, this appears to be the world's oldest known funerary ritual – see p. 43), the excavators remove only about 10 inches of soil each July. This yields around 300 human bones, which are all they can handle since each has to be cleaned and hardened and conserved. The work is incredibly meticulous, and the remaining sediments are washed and sieved so carefully that even the tiny bones of the inner ear have been recovered.

The second major trend is that, ironically, we are not only acquiring vastly increased quantities of material of all kinds, but – thanks to the development of new techniques and scientific analyses – we can now learn far more from each object. Take, for instance, a single potsherd (fragments of pottery are among the most durable and hence most ubiquitous kinds of archaeological evidence): in the past, a sherd would simply have been classed as a type, based on its shape, material and decoration, if any. Now, however, one can obtain a detailed breakdown of its raw materials, enabling their source to be pinpointed; one can learn at what temperature it was fired, and with what material it was tempered; the pot itself can be dated by the technique of thermoluminescence (see p. 22), and other methods can be used to analyse the faintest traces of residues on its inner surface, and thus tell us what it used to contain!

In other words, as archaeology develops, it is doing much more with far less. It is also, alas, producing far too much in every sense. There are ever-growing numbers of archaeologists all over the world, competing for positions, and all trying to produce information or new data. Huge numbers of conferences and symposia are being held, most of which eventually have their proceedings published in book form. Consequently, the subject's literature is out of control, a vast multi-headed Hydra with new journals and series of monographs springing up every year, which few can afford and which even libraries are hard-pressed to buy in these days of shrinking budgets. Nobody can hope to keep up with all the literature on a single period or region or speciality, let alone on the archaeology of a continent, and still less of the whole world.

Things were very different before the War. If you take a look at the original doctoral dissertations of such great names as Grahame Clark or Glyn Daniel in Cambridge's University Library, you will find that they are very slim volumes indeed, barely equivalent to a single thesis chapter in the 1990s. Of course, there was a lot less archaeology to learn and read in their student days, and they did not have the luxury of the great gods Xerox and Apple, and had to rely on taking notes and copying maps by hand.

At the same time, museums are full to overflowing, with conservation becoming an increasing problem (see p. 99). In Egypt, for example, archaeologists have even taken to reburying objects in the knowledge that they will survive better and longer, for future generations to look at, if entrusted to mother earth rather than to museum cellars or warehouses. Just as there is a huge backlog of unpublished excavations, so there is an 'artefact mountain', a vast collection of uncatalogued and/or unstudied objects in the world's museums. Things are so bad that Naples Museum had to shut its doors recently because thousands of coins and other objects were disappearing from its storerooms where less than half the stock is catalogued. There is clearly much to do, if archaeology is to put its supremely untidy and overstuffed house in order

Archaeology as a Separate Subject

Since the renewed optimism of the 1960s (p. 68) archaeologists have had much greater confidence in their subject's ability to make a unique contribution to the study of human behaviour, and this was especially important in North America, in view of archaeology's relationship there with sister disciplines.

Anthropology simply means the study of humanity; in Britain it is divided into social (or cultural) anthropology, which analyses human culture and society; and physical (or biological) anthropology, which studies human physical characteristics and how they have evolved. In America, however, archaeology is also considered to be very much an integral part of anthropology: most academic archaeologists are to be found in 'Departments of Anthropology', where the subject is treated as a sub-discipline, rather than as a field in its own right as it is in the Old World.

Archaeology has been called 'the past tense of Cultural Anthropology', and, since it deals with the human past, it is undeniably an aspect of anthropology. However, it is equally a part of history – in fact, history could reasonably be described as the tip of archaeology's iceberg, since for more than 99 per cent of the human past archaeology is the only real source of information. History (apart from oral history) only begins with the introduction of written records around 3000 BC in western Asia and much later in most parts of the world. And even for the historical periods, information derived from archaeological data is still an invaluable complement to what is known from texts – and in any case it is often the archaeologist who unearths the documents and inscriptions in the first place.

One fundamental difference, of course, between anthropology and archaeology is that anthropologists, by and large, have an easy time of it, able to observe behaviour and interview informants because anthropology happens in the present. (Some pedants in 'Post-processual archaeology' (see p. 71), of course, have pointed out that there is no such thing as the present, since as soon as you become conscious of a moment it is already in the past. This kind of facile observation, however, merely invites a loud raspberry.) Archaeology's 'informants' are dead, and its evidence far more mute – answers need to be coaxed out. It is almost the difference between chatting to a bright, sharp youth on the one hand, and a corpse on the other!

Another corollary of this difference is that whereas anthropologists can *see* how their subjects behave and ask for explanations, archaeologists have to reconstruct behaviour. In order to do this, they need to make the massive assumption that human behaviour has remained unchanged since at least the appearance of 'anatomically modern humans' perhaps 100,000 years ago, and is therefore predictable. Exactly the same kind of assumptions have to be made about the animals and plants they exploited: i.e. that their behaviour, tastes, tolerances of climate and environment or soil and humidity have always been the same and can therefore be reliably predicted when reconstructing the past. These are enormous assumptions to make, especially as we can never be sure they are justified, but they are crucial because without them archaeology simply could not function. If we cannot guess with some accuracy how humans in the past would have reacted in a given set of circumstances, we might as well give up the challenge and become anthropologists – it's far less of a headache.

Chapter 2

Making a Date

Studying the past is of little point if you don't know how old things are, or at least which ones are older than others. No amount of enthusiasm for the subject can substitute for a solid chronology – it's no use having the inclination if you haven't got the time. So how do archaeologists get dates?

Until fairly recently, there were only two ways of establishing a chronology – relative dating (which does not mean going out with your cousin) and historical dating. Relative dating simply involves placing things – objects, deposits, events, cultures – into a sequence, some being younger, others older. Historical dates came from periods from which there is written evidence, such as medieval or Roman times. For prehistory, only relative dating was available, so – although one could tell that the Bronze Age preceded the Iron Age, and the Stone Age was earlier than the Bronze, one had no idea by how much.

The basic reasoning behind relative dating came from stratigraphy, the study of how layers or deposits occur one above the other. By and large, the underlying level was laid down first and therefore predates the overlying layer. And the same applies to objects found within these layers unless there has been some disturbance, for example by burrowing animals or grave-digging, rubbish pits or erosion and re-deposition.

There are ways of finding out if the bones in a layer are of the same age by chemical dating. Over time, a buried bone's nitrogen content declines, and it gradually absorbs fluorine and uranium. So measuring these elements will indicate if a group of bones are contemporaneous or of different periods. This was the method used in the early 1950s to expose the Piltdown fraud – a supposed 'missing link' between apes and humans 'found' in Sussex in 1912, but proved to be a complete hoax. Chemical dating showed that the skull was recent, and the jaw was from a modern orang-utan. They had been stained, and the teeth filed, to make them look old and convincing. Debate still rages endlessly and quite tediously about who was or were responsible for this prank.

The other major archaeological kind of relative dating is 'typology', the grouping of objects into types which share the same attributes of material, shape, and/or decoration. This whole system rests on two basic ideas: first, that objects from a given time and place share a recognizable style (like goes with like), and that changes in style are fairly gradual. In actual fact, different styles can coexist, individual styles can last a long time, and changes can occur quite fast, but the good thing about short introductory books is that there's no room to go into such complications!

In any case, generations of archaeologists – most notably those from Germanic countries – devoted their lives to establishing detailed sequences of pot, tool, and weapon forms, and then trying to connect the sequences from different regions. Whole collections of different but contemporaneous objects can be lumped together in an 'assemblage' and assemblages too can be arranged in sequences and compared from area to area.

Other relative chronologies were based on the succession of climatic phases for the Ice Age (glacials, or phases of glacial advance; interglacials, or warmer interludes; and minor fluctuations known as stadials and interstadials), but we now know – thanks to detailed climatic information from ice cores in the Arctic and Antarctic – that Ice

Age climate was far more complex and fluctuating than had been realized. Pollen from deposits also produces sequences of climatic and vegetational change, but these tend to be fairly localized. And faunal dating – based on the presence of the bones of different animal species – was also an important method, particularly for Pleistocene archaeology (the study of the last Ice Age), as 'cold' and 'warm' species came and went with climatic and environmental changes.

Producing sequences is all very well, but calendar dates – 'absolute dates' – are what archaeologists have always craved. Until this century, the only dates available were those obtained from archaeological connections with the chronologies and calendars established by ancient peoples, and these are still of huge importance today. Many of these calendars – such as those of the Romans, Egyptians, Chinese, etc. – were based on the years of rule of their consuls, emperors, kings, or 'dynasties'. The Egyptian dynasties, for example, can be dated by working back from the conquest of Egypt by Alexander the Great which, from Greek historians, we know took place in 332 BC. Further detail and clarification came from Egyptian records of astronomical events whose dates we also know from independent scientific sources.

The Maya of Mesoamerica had an extremely elaborate calendar which was based not on rulers or dynasties but on cycles of 260 and 365 days, and a long count starting in August 3113 BC (by our own system).

This all gives archaeologists the chance to date certain objects such as inscriptions referring to events or rulers, and of course coins of the Roman and medieval periods that carry the name of the current ruler. One always has to bear in mind, of course, that dating the object does not necessarily date the layer in which it is found – a coin can be passed around or hoarded for decades or centuries – but it does at least give you a maximum age for the layer: it can't be older than the date on the coin (unless the coin is intrusive) but could be much younger.

Apart from these historical and calendrical ages, archaeology was helpless until science presented it with a whole series of ways to obtain 'absolute dates' from different materials. A (fairly) firm chronology has been science's greatest gift to archaeology (as is well known, there's no present like the time . . .).

Before the War, only two very localized techniques were available – the 'varves' of Scandinavia and the tree-rings of the American South-West. Varves is a Swedish term for the clay deposits laid down annually by melting ice sheets. They vary in thickness from year to year, with a warm year causing increased melting and hence a thick layer. By measuring the successive thicknesses of a series and comparing it with the pattern in other areas, long sequences can be linked together that stretch back thousands of years. Exactly the same is true of the annual growth-rings in trees – a sequence of thicker and thinner rings, caused by local climatic fluctuations, can be built up by overlapping samples from trees of different ages. We now have unbroken sequences stretching back to 8000 BC in Germany, for example, with which ancient timbers can be compared and their age pinpointed.

Naturally, the technique is most applicable in areas like the American South-West where the aridity has preserved lots of ancient wood, or in north-west Europe where waterlogged timbers are abundant in boggy regions. Results of amazing precision are now emerging – in Britain, for example, analysis of timber from a plank walkway known as the 'Sweet Track' in Somerset, constructed across a swamp, suggests that it was built during the winter of 3807/3806 BC.

The tree-ring method is also of immense value in acting as a means of checking dates obtained from Radiocarbon, the method which revolutionized archaeology but which also proved 'too good to be true', in a sense. Samples consist of organic materials from archaeological sites, such as charcoal, wood, seeds, and human or animal bone, because the

The Sweet Track, Somerset Levels

method measures the tiny amount of the radioactive isotope Carbon 14 (C14) left in organic substances – having absorbed it throughout their lives, they steadily lose it after they die. In a recent development known as Accelerator Mass Spectrometry (AMS), only very tiny samples are required, and the atoms of C14 are counted directly. The limit of reliable dates is still about 50,000 years.

The basic assumption behind the Radiocarbon method – that the concentration of C14 in the atmosphere has always been constant – eventually proved to be false, and we now know that it has varied through time, largely due to changes in the Earth's magnetic field. If the method had been tested on tree-rings of known age, things might have gone more smoothly from the start, and these awkward problems ironed out. Plotting Radiocarbon ages against tree-ring ages has led to the production of 'calibration curves', graphs that show the changing degrees of error in C14 dates over time, back to c.7000 BC.

Despite all these uncertainties, and the ever-present dangers of contamination of samples, Radiocarbon dating has become archaeology's most useful and ubiquitous tool, establishing chronologies for areas which previously lacked timescales of any kind. It can be used anywhere, regardless of climate, as long as there is organic material available.

But what happens if *no* organic material survives in a site? Until recently, this would have destroyed any hope of obtaining a date, but not any more, thanks to the wonders of modern science. For early sites, such as those in East Africa with fossil humans, the Potassium/Argon method can date rocks in volcanic areas. Elsewhere, Uranium series dating can be applied to rocks rich in calcium carbonate, such as stalagmite in caves. Thermoluminescence (TL) dating can be used on pottery, the most abundant inorganic material on archaeological sites of the last 10,000 years, and other inorganic materials such as burnt flint. Optically-stimulated luminescence (OSL) can even be used on certain sediments containing archaeological material – such as deposits in northern Australian rock shelters dated to 53,000 to 60,000 years ago, crucial evidence for the early arrival in this continent of humans. Electron Spin Resonance (ESR) can be used on human and animal teeth for periods far outside the range of C14, for example from Israeli sites up to 100,000 years old.

There are many other lesser dating methods which are far too complex and boring to explore here. In any case, archaeologists do not really need to know much about them – since most of them have difficulty understanding the scientific principles behind the pedal-bin, they have a touching and often misplaced faith in the ability of the boffins, the 'hard scientists', to take the samples of material provided and produce a suitable set of dates. One's confidence in the laboratories is not helped by the fact that, when submitting a sample for radiocarbon dating, one is usually asked to say, in advance, what kind of figure is expected! Nevertheless, as long as archaeologists know the rudiments about which methods exist, and the materials and age-range to which they are applicable, they can simply concentrate on more important issues like seeking sealed and undisturbed contexts, taking samples with extreme care, avoiding contamination, and raising the often considerable funds needed to pay the laboratories for the analyses. As any teenager knows too well, dates do not come cheap.

Chapter 3
Technology

> Give us the tools and we will finish the job.
>
> (Winston Churchill)

Archaeology has always relied enormously on the tools left behind by our forebears – everything from a chip of stone to a battleship; and for a long time, human progress was seen largely in terms of technology. In fact, scholarship chose to divide the human past into a succession of 'ages' – Stone, Bronze, and Iron, with numerous subsequent subdivisions – that was based on technological development. Although equal or greater emphasis is now placed on other aspects of the past, it is nevertheless true that tools have always been the mainstay of human existence, and all of our sophisticated computer-age gadgetry originated in the simple artefacts of our forebears. The bulk of the archaeological record is made up of humanly made artefacts.

The 'Palaeolithic', or 'Old Stone Age', encompasses over 99 per cent of the archaeological record, from the first recognizable tool about 2.5 million years ago up to about 10,000 years before the present; and stone tools are what predominate in its refuse. Unfortunately, although generations of scholars have devoted their lives to detailed analysis and classification of these rocks, we have no idea how important or unimportant they were to their makers. Stone tools are virtually indestructible, whereas organic materials – bone, antler, wood, leather,

sinews, cordage, basketry, featherwork, etc. – decay under most normal conditions. So we have lost forever most of the palaeolithic toolkit. The very name we have given to the period – 'Stone Age' – may be misleading, and it might have been more realistic to call it the 'Palaeoxylic' or 'Old Wood Age'. Certainly, analysis of the wear on many stone tools (see below) suggests that they were used simply for the procurement or working of organic materials. Which are what early technology was *really* based on.

Of course, as always in archaeology, we have to make the best of a bad job, and instead of cursing the incompleteness of what *has* come down to us ('a bad workman blames his tools') we need to work with what we have. Actually, traces of the rest do survive occasionally from the Old Stone Age – a few wooden planks and spears; a bit of rope in Lascaux cave, France; and the impression of a basket or textile on fired clay at Pavlov, a Czech site of about 26,000 years ago. For the Upper Palaeolithic (*c.*40,000 to 10,000 years ago) bone and antler tools also survive in considerable numbers.

In the past, stone tools were described and classified according to their shapes, their techniques of manufacture, or their assumed function. Nowadays, we know far more about some of these aspects. Studies of 'microwear' (i.e. minute traces left on the tools by their functions) owe much to pioneer work in the 1950s by Sergei Semenov of the Soviet Union, who had to rely on an ordinary microscope to peer at the various polishes and striations on stone tools. But these investigations have entered a new phase with the Scanning Electron Microscope, which allows a far closer and more detailed peek at microwear.

However, none of this is of much use if you don't know which activities produce these traces, and this is where experiments come in handy. Different kinds of stone tools have been copied, and used for specific tasks, so that the resulting traces and wear-patterns can be assessed and compared with those on archaeological specimens. In addition, the replication of stone tools – a skill which goes back to German antiquarian A. A. Rhode in 1720 – teaches a great deal about the original manufacturing techniques. Today the jargon term that is *de rigueur* (since the French long ago became pre-eminent in the field of Old Stone Age tools), is the 'chaîne opératoire', or production sequence, from raw material to finished implement. An even simpler way to gain insights into manufacture, without going to the bother of making copies, is to fit the actual stone tools back together again ('refitting' or 'conjoining') – it may be tedious and time-consuming work, like a 3-D jigsaw puzzle, but it can produce spectacular results that can enable you to follow every stage of the production process.

In some cases, one can follow the original production process by simple observation of the archaeological remains: for example, at the statue quarry on Easter Island there are hundreds of unfinished or abandoned statues which display every stage of their manufacture; at the South African site of Kasteelberg, of c. AD 950, there is a fabrication area where every step in the process of making certain bone tools can be seen; and surviving specimens of early weaving, for example from South America, can be 'read' by specialists who are able to understand exactly how they were made. Similarly, simple examination of a pottery vessel should reveal whether it was hand-coiled or thrown on a wheel. The by-products of metalworking – ingots, slag, moulds, crucibles, failed castings, scrap metal, and so forth – likewise provide clues to metallurgical methods: one bronze foundry of 500 BC in China has yielded more than 30,000 items of this kind.

Many of the experimental procedures used in the study of stone tools are also carried out when investigating the technology of other materials and of later periods – such as woodwork, fibres and textiles, pottery, glass, and different kinds of metalworking. For example, Italian researcher Francesco d'Errico has carried out experiments to establish microscopic criteria for recognizing the traces left on bone, antler, and ivory objects by long-term handling, transportation and suspension as pendants. Countless replicative experiments involving pottery and metallurgy have been carried out, and without them our knowledge of such technology would be rudimentary at best.

In fact this type of 'experimental archaeology' has now become a major branch of the subject, with whole 'villages' set up in various countries, especially in north-west Europe, to explore different techniques – housebuilding, farming, butchering, storage, and the making of pottery, stone tools or metalwork.

Naturally, even if carried on for decades, these experiments are still very ephemeral when compared to the accumulated knacks and wisdom that were passed down for centuries and millennia during the remote past; and no observation made in the present can really prove anything for certain about the past. But the limited insights which they provide are none the less interesting and useful, and besides many of these experiments can be good fun. You can release all kinds of demons lurking inside you when you are allowed to burn down a house, or attack a colleague with a bronze sword, bash hell out of a piece of stone, or smear cowdung over a wall or kiln, and call it 'Science'.

A related but less active approach to this kind of work has been dubbed 'ethnoarchaeology'. For a long time, archaeologists were frustrated at the lack of helpful information being obtained from living 'primitive' peoples by anthropologists. These fieldworkers were so obsessed with kinship systems, witchcraft, and the like, that they never bothered much with the kind of stuff that was of great interest to the archaeologists – i.e. how these people produced what would become their archaeological record. The making of pottery has proved particularly popular in ethnoarchaeological studies, but archaeologists want to know about all kinds of things: how the objects are made, when, why, and by whom; how much time and effort are invested in them; why they are decorated in certain ways; how often and in what circumstances they get broken, and how and where they are discarded – the humdrum everyday activities which tend to go unnoticed unless you're specifically interested in them, even in our own society. And archaeology is supremely interested in the trivial – the distribution of garbage, the pattern on a pot, the shape of a roof-tile.

This devotion to apparently unimportant details helps foster the impression among those outside the subject that archaeology is a parasite and a useless luxury. In a world ruled by market forces, archaeology needs to justify its existence; it needs to sing for its supper. In some areas, it finds its justification in the massive importance of tourism (see p. 96). But elsewhere, there can be great merit in a variety of practical applications: for example, 'seismic archaeology' is considered of importance in China, where ancient inscriptions and documents record past earthquakes, and in the Near East where historical, biblical, and archaeological evidence of ancient earthquakes extends back 10,000 years. Human remains may yield useful information on the history of some diseases and pathologies.

However, the most notable practical contributions lie in the realm of agricultural technology. For in a few cases, archaeologists can become almost godlike by irrigating barren deserts, or hugely increasing crop yields. They do this, however, not through their own ingenuity but by resurrecting the forgotten wisdom of our forebears. For example, the Nabataeans, who occupied Israel's forbidding Negev Desert 2,000 years ago, lived in cities and grew grapes, wheat, and olives. Aerial photographs and archaeology have combined to reveal that they did it by a cunning system of channelling rainwater from the region's rare cloudbursts into irrigation ditches and water-cisterns. Scientists have therefore been able to use the same methods to reconstruct ancient farms in the area which now produce high crop yields even in years of drought.

Even more impressive have been the events in the Altiplano of Peru and Bolivia. Aerial photography and excavation have revealed that around 1000 BC the region around Lake Titicaca had at least 200,000 acres devoted to an agricultural system based on 'raised fields', elevated planting surfaces made of soil dug from canals between them. This system was supremely well adapted to the 4,000 m. altitude, the local conditions, and the traditional root crops. However, it was abandoned after the Inca conquest 500 years ago; and modern agricultural methods involving heavy machinery, chemical fertilizers, irrigation, and imported crops have proved singularly unsuccessful in this climate. Archaeologists have cleared and refurbished some of the ancient raised fields, using only traditional tools, and planted them with potatoes and other traditional root crops. The fields have been unaffected by severe drought, frosts, and massive flooding, and crop yields are about seven times as high as in dry-farmed fields. Scores of communities, thousands of people, have now taken to the farming methods of their ancestors, thanks to the efforts of archaeologists.

Conversely, archaeology can also point to ecological disasters in the past, largely caused by people – such as the sudden collapse in AD 900 of the ancient Byzantine city of Petra, after centuries of drastic forest clearance; or the even more devastating deforestation on Easter Island, which almost destroyed that small island's unique Stone Age culture (this story was related, interwoven with a Romeo and Juliet theme, in the recent movie *Rapa Nui* which proved equally disastrous).

Another example comes from the Anasazi, who lived in the American South-West. Their settlements at Chaco Canyon were very advanced, and contained America's largest and highest buildings until the skyscraper. Begun in the tenth century AD, these structures used up the timber from more than 200,000 pines and firs. Plant remains cemented into crystallized urine in ancient packrat middens have provided a view of changes in the local vegetation over time, and it is clear that relentless woodcutting went on for centuries, not only for building materials but also to meet the fuel demands of a growing population. The resulting widespread environmental damage was irreversible, and was a major factor in the sites' abandonment. In other words, archaeology can deliver strong messages from the past, but alas, as the old saying has it, the only thing we learn from history is that we never learn from history.

Chapter 4
How Did People Live?

Much of archaeology is devoted to studying the 'lifestyles of the dead and buried', trying to assess what people looked like, how healthy they were, what they ate, and what they died of. The last two topics are not necessarily related, although the overweight wife of the Marquis of Dai, from second-century BC China, appears to have died of a heart attack caused by acute pain from her gallstones, an hour or so after devouring a big feed of watermelon (138 melon seeds were found in the stomach and intestines of her mummified corpse). Food seems to have been important to this lady, since her tomb contained numerous prepared dishes in containers, with labels attached and slips describing the composition of the dishes: a kind of Chinese undertakeaway!

Subsistence – the quest for food – is the most fundamental necessity of human life, and archaeology has developed many ways to investigate the clues to what people ate. The vast majority of these clues take the form of animal and plant remains that may be found in a human occupation site, and which are studied by zooarchaeologists and archaeobotanists respectively. They are indeed *sometimes* the residues of food that has been consumed – but not necessarily all of them. Plants, for example, can be used for many other purposes, from raw materials to drugs; animals yield useful substances such as bone, antler, horn, ivory, fat, sinew, hides, and furs; and birds offer bones and feathers. In addition, many organic remains, especially those of animals and birds, could have been brought into the site by other predators, or they could represent pets (though dogs and guinea pigs were eaten by some cultures in the past, and still are in some parts of the world).

The only indisputable proof that a plant or animal was actually eaten is its presence in a human stomach or coprolite (fossil turd). But since such finds are rare, the assumption has to be made that they were eaten; and one has to make this inference from the context or condition of the finds, such as charred grain in an oven, cut or burned bones, or residues in a vessel. It is unlikely but always theoretically possible that, for example, the occupants of a palaeolithic site full of reindeer bones were vegetarians who just happened to hate reindeer! Or who needed lots of bone, antler, and hides, but detested the meat.

Even if the assumption can plausibly be made that the remains are of food, there are further challenges to be met. For example, one has to try and figure out the relative importance of different foods: plants are commonly under-represented because their remains are often poorly preserved, if not totally absent. The same is true of fish bones. And whatever food remains do survive, one has to decide whether they are wild or domesticated; and whether they are truly representative of the occupants' diet, which can involve assessing the site's function, the duration of its occupation (short- or long-term), and whether it was lived in irregularly, seasonally, or permanently – a long-term settlement is far more likely to yield representative food remains than a kill-site or specialized camp.

In recent years, sophisticated new techniques have been developed which can detect and often identify food residues on tools and inside vessels. For example, in the Solomon Islands, Melanesia, starch residues have been found on stone tools dating back to 28,700 years ago, which constitute the world's oldest evidence for consumption of root vegetables (taro). Chemical analysis of residues in amphorae (the great storage jars of the Roman period) has proved that many did contain wine and olive oil, as had been assumed, but some contained wheat flour. Early evidence for wine – a subject very close to an archaeologist's heart – has emerged from analysis of a yellowish residue inside a pottery jar from the neolithic site of Hajji Firuz Tepe, Iran, dating to about 5400 to 5000 BC. It has been identified as tartaric acid, found in nature almost exclusively in grapes, and this has therefore been taken as evidence of a resinated wine, the earliest in the world, 2000 years older than previously thought. A 30-litre Sumerian jar from a site called Godin Depe, in western Iran, dating to *c.*3500 BC, also held wine, while potsherds from the same site bore traces of the production of barley beer, so clearly the ancient Iranians knew how to have a good time – and not only the Iranians: the tomb of one of Egypt's first kings at Abydos, dating to *c.*3150 BC, was found to contain three rooms stocked with 700 jars; chemical analysis of the yellow crusts remaining in them confirmed that they had held wine – a potential total of 1200 gallons!

Chemists have also discovered traces of opium in a 3,500-year old vase from Cyprus, which suggests to some scholars that a drug trade existed in the eastern Mediterranean at this time. In Britain, on the other hand, ancient pots tend to contain less stimulating substances, such as residues of cabbage.

Where animal remains are concerned, they too may only represent a small fraction of what was originally present: bones could be cleared out of the site, used for tools, boiled for stock, or eaten by dogs or pigs. Other possibly important foods such as grubs or blood leave no trace at all; and although we tend to assume that diet was usually based on herbivores and fish, some cultures may also have eaten insects – locusts have been found in a special oven in an Algerian rock-shelter dating to 6,200 years ago.

One area that is still problematic is cannibalism – the only way to *prove* it in the past is by finding a piece of human tissue in a human gut or coprolite, and so far nobody has done so. Recent reappraisals of archaeological and anthropological evidence for cannibalism have shown that all claims are open to other explanations, such as violence or complex funerary rituals; but a few scholars persist in interpreting human bones that are disarticulated, traumatized, or covered in cutmarks – for example in some Anasazi sites of *c.* AD 1100 in the American South-West – as evidence of cannibalism. They may be correct, but we really have no way of knowing; like so many things in archaeology it comes down to a question of faith and personal preference. We know only too well from recent cases that cannibalism can certainly arise among people desperate for survival (e.g. in the Andean plane crash, or in the Nazi concentration camps), and among sick psychopaths; but the very existence of 'custom cannibalism', where it is a habitual or ritual part of life, has come under serious question over the past few years: well-documented cases based on direct observation rather than hearsay or propaganda are extremely rare for historical periods, so it is very hard to estimate how common the practice might have been in prehistory, let alone the very remote past.

As with plants, animal residues are proving very enlightening, although controversy still rages over the topic of bloody stone tools, since claims that bloodstains can survive on artefacts thousands of years old and can be identified to species are contested. Chemical analysis of residues in vessels has revealed such substances as milk, cheese, and fat.

Both plant and animal foods are also well represented in art and in literature – such as wooden models from Egyptian tombs depicting baking and brewing; texts describing the food of the Roman army, Egyptian hieroglyphic texts about corn allowances for workers, or the world's oldest cookbook: three Babylonian clay tablets of 3,750 years ago which contain thirty-five recipes for a variety of rich meat stews. However, no matter how full the evidence from art and texts, they give a very short-term view of subsistence. Even shorter-term glimpses come from occasional finds of actual meals – for example in the Roman city of Pompeii, buried by a volcanic eruption in AD 79, meals of fish, eggs, bread, and nuts were unearthed intact on tables, as well as food in shops – but these are a tiny sample from a single day. The same is true of evidence recovered (by hardy souls with strong stomachs) from the alimentary tracts of preserved bodies or from human turds. The Danish Iron Age bog body, Tollund Man, was found to have eaten a gruel before death (Sir Mortimer Wheeler, in a pioneering piece of experimental archaeology, tried a reconstruction of this concoction, and found it a foul-tasting mush), whereas Britain's Lindow Man had eaten a griddle cake, a kind of rough bread. Analysis of coprolites from Lovelock Cave, Nevada, dating from 2,500 to 150 years ago, revealed the presence of seeds, fragments of bird-feathers, and fish-scales: one, from 1,000 years ago, contained bones from 101 small chubs, representing a total live weight of 208 g. (7.3 oz) – the fish course in a single person's meal.

Meals are all very well, but archaeology always likes a long-term view (that is its speciality, after all), which requires some assessment of diet. One way to approach this is to examine the accumulation of food remains through time – in the succession of stratified layers in a site – but there are far more direct methods of learning about diet: from tooth-wear and from bone chemistry. Because 'we are what we eat': diet radically affects teeth – yes, your mum was right – and also leaves characteristic chemical signatures in bones.

Teeth are made of two of the hardest tissues in the body, so they usually survive in good condition. Microscopic examination of their surfaces reveals abrasions and scratches which can be related to meat or vegetation in the diet. As with studies of microwear on tools (p. 26), we know from present-day specimens – in this case not experimental replicas but living people such as meat-eating Eskimos or vegetarian Melanesians – what kind of traces are left by different diets, so archaeological examples can be compared with these with some confidence. In this way, it has been found that fossil humans seem to have eaten less meat through time, and adopted a more mixed diet.

"BABYLONIAN RICH BEEF STEW...
DISSOLVE ONE TABLET IN 2 PINTS OF.."

Tooth decay can also be informative, indicating a reliance on starchy and sugary foods.

The greatest breakthrough, however, has come through the realization that chemical analysis of human bone collagen can reveal much about long-term diet. Different categories of plants have different ratios of certain isotopes of carbon, or nitrogen, and as the plants are eaten by animals these ratios become fixed in animal and human bone tissue. So analysis of the collagen can show whether marine or land plants predominated in the diet, and hence land or marine resources of other kinds. The technique is useful for detecting change through time, if human bones from different periods are available. For example, bones from the Orinoco floodplain in Venezuela have revealed a dramatic switch from a diet rich in one category of plant (including manioc) in 800 BC to one based on plants such as maize by AD 400.

The whole topic of investigating human remains is hugely popular with the general public, which adores the ghoulish and grisly: mummies are always big attractions in museums. However, introductory books on archaeology generally say little or nothing about the people themselves, concentrating instead on their tools, dwellings, art, and behaviour. This is a bizarre attitude: after all, if archaeology's aim is to recreate the lives of those who produced the archaeological record, what more direct evidence can there be than the very remains of the actors in the play we are trying to reconstruct?

Yet these remains have generally been left to the physical anthropologist to discuss, even though they were excavated by the archaeologist. But whoever does the analysis, the data obtained are of capital importance. Human remains can show the age and sex of the deceased, their appearance, their state of health, sometimes their cause of death, and in some cases even their family relationships. In the future, new developments in biochemistry and genetics will largely replace the present heavy reliance on bones.

The vast majority of surviving human remains are skeletal or cremations. But we do have numerous better preserved, more or less intact bodies that are desiccated, frozen, waterlogged, or purposely mummified, and these can be subjected to a vast battery of tests – forensic examinations, computer scans, and endoscopes thrust into every orifice.

Even in cases where bodies have disappeared, traces of them may be detected. The most famous examples are the hollows left by the people of Pompeii as they disintegrated inside their solidified casing of volcanic ash; when plaster is poured into these hollows, the resulting casts reveal physical appearance, hairstyles, clothing, posture and even facial expression at the moment of death (it is rumoured that the city's prison contains the remains of several hardened criminals). Numerous footprints, handprints, and painted hand stencils also exist in the archaeological record.

One particularly striking instance of vanished but detectable remains concerns the mystery posed by numerous intact but totally empty pots which have been found buried in the cellars of German houses dating from the sixteenth to the nineteenth century AD. Chemical tests of the sediments inside them revealed the presence of cholesterol (which pointed to human or animal tissue), and steroid hormones such as oestrone, so it is virtually certain that the pots were used to bury human placenta (afterbirth) – according to local folklore, this was done to ensure the children's healthy growth.

Where health is concerned, human remains can be a mine of information. For example, Repetitive Strain Injury is by no means a new phenomenon, and facets on various bones from ancient skeletons can be linked with stresses caused by crouching, load-carrying, or grinding grain. Most afflictions that lead to death leave no trace on bone, but where soft tissue has survived palaeopathology (the study of ancient disease) can reveal a great deal. Almost all Egyptian mummies

THAT'S HOW I'D LIKE TO GO!

contained parasites which caused amoebic dysentery and bilharzia, and mummies in the New World had whipworm and roundworm eggs. Parasites have also been found in human coprolites and medieval cesspits.

There may even be risks for the unwary archaeologist in handling human soft tissue – scabs and viruses can survive, and nobody knows how long microbes can lie dormant. Infectious micro-organisms may therefore pose real dangers, especially as our immunity to vanished or rare diseases has certainly declined. Lethal microbes are a far more plausible explanation for some of the (mercifully very rare) mysterious deaths among archaeologists than the ever-popular myth of the 'Mummy's Curse'. It would be ironic for an archaeologist to catch something nasty from the past, perhaps the ultimate in experimental archaeology!

Far safer is the investigation of trauma and damage, such as on the preserved bogbodies of north-west Europe, many of which clearly met violent deaths – either as executions, muggings, or ritual sacrifices. Tollund Man was hanged, Grauballe Man had his throat slit, but Britain's Lindow Man – wittily nicknamed Pete Marsh – takes the biscuit: he had his skull fractured twice, was garotted and had his jugular cut. Either he was extremely unpopular, or someone was determined to do a very thorough job.

The most ancient intact body to have come down to us is that of the Iceman, found in the Italian Alps in 1991. His discovery gained worldwide attention in the media, and immediately triggered some amazing stories, some of them probably apocryphal. For example, one women claimed it was her father who had disappeared in the mountains – she recognized him from from the press photographs! The Radiocarbon dates of 5,300 years ago soon put paid to that one. Once he was identified as a genuinely ancient body, some women allegedy volunteered to be impregnated with any frozen sperm that might be found in his body. More bizarrely, a gay magazine in Austria claimed that

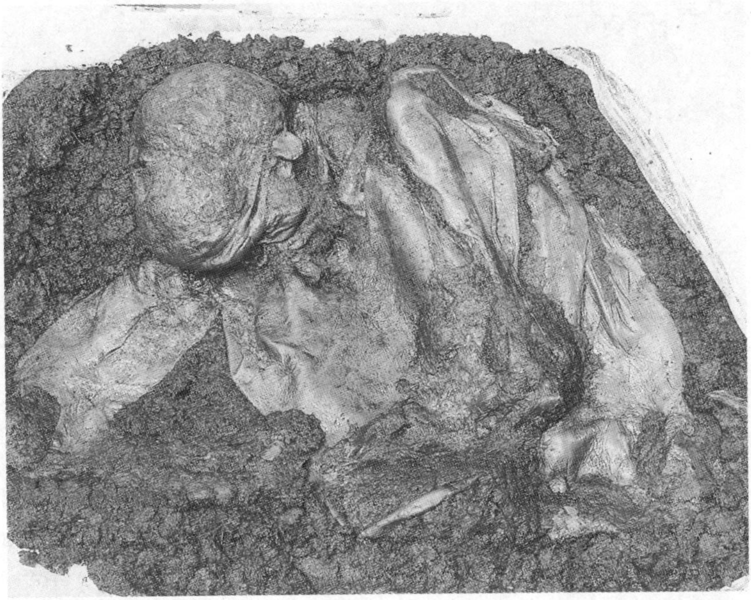

Mummified body of a man, buried in a peat bog at Lindow, Cheshire

sperm had been discovered in his anal canal, but that scientists were too embarrassed to publish this 'fact'!

The true facts about the Iceman are actually just as interesting. He was in his mid-to-late 40s. His lungs are blackened by smoke from open fires; he has hardening of the arteries and blood vessels; he has traces of chronic frostbite in one toe; and eight of his ribs were fractured, but were healed or healing when he died. Groups of tattoos on his body – mostly parallel blue lines, half an inch long – may be therapeutic, aimed at relieving the arthritis in his neck, back, and hip. But the most remarkable information came from the single surviving fingernail. Lines across it show that he underwent episodes of serious illness (when nail growth was reduced) four, three, and finally two months before his death. The fact that he was prone to periodic crippling disease probably explains how he succumbed to adverse weather and froze to death. So even in a complete body, one apparently insignificant nail can be the key to the puzzle – an apt metaphor for archaeology as a whole.

Chapter 5
How Did People Think?

Hard as it is to figure out the nuts and bolts of life – technology, subsistence, etc. – it is infinitely harder to get inside people's minds, and try to get an inkling of what they believed and how they thought. If you can't even read your spouse's thoughts (or would prefer not to!) after umpteen years of marriage, imagine what a challenge it is to reconstruct what have been called, in ghastly jargon, 'prehistoric mindways'.

This is where we turn to those brave souls who aspire to an 'archaeology of the mind' – the cognitive archaeologists, or 'coggies' as they are known, refuse to accept that ancient thoughts, beliefs, and social relations have gone for ever, and believe that they can resurrect them through logic applied to the art and material remains that are reckoned to be connected with religion and ritual or suchlike.

Many scholars are currently striving to develop explicit procedures for analysing the cognitive aspects of early societies, especially of those for which we have no written texts to help. There are numerous encouraging approaches to this seemingly impossible task. For example, one can investigate how people described and measured their world, how they planned and laid out their monuments and towns, and which materials they prized highly and presumably considered to be symbols of wealth and power. And in particular, one can tackle the material remains of religion.

It has been said with some truth that religion is, basically, humankind's attempt to communicate with the weather, and a great deal of effort in the past was devoted to this endeavour. Despite the well-known archaeological temptation to call anything 'ritual' that looks odd, it remains true, as we know from modern studies of 'primitive' people, that religious activities are often of paramount importance in life – indeed, since there is usually no clear dividing line between the sacred and the secular, much of life can seem to be ultimately devoted to religion.

The dates for some basic evidence of thought have been pushed back in recent years. For example, the deliberate burial of humans was long thought to start with the Neanderthals of Eurasia, between 100,000 and 40,000 years ago – many cases are known, one of them a famous burial in Shanidar Cave, Iraq, where the body seems to have been accompanied by flowers (judging by the pollen found with the bones). However, the finds down the Pit of Bones at Atapuerca (see p. 12) are strong indication that more than 200,000 years ago some kind of funerary ritual was being carried out, since scores of bodies were being deliberately brought here and deposited in the pit – this was not a living site (there are no tools or other remains of domestic refuse here), nor were the bodies dragged here by carnivorous animals (there are no tooth marks on the bones, all parts of the body are present, and there are no remains from other prey-animals). So in this case, one can be fairly sure merely from the content and context of the finds that some kind of rudimentary religious ritual was occurring.

The same applies to 'art'. Art is a notoriously difficult concept with which to grapple, and debate still rages over how to define it. Perhaps the simplest course is to adopt its centuries-old definition as 'the work of people as opposed to that of nature', thus avoiding any differentiation of the diversity of forms, content, or intention. As with religion, it is very difficult in many 'primitive' societies to separate 'art' from 'non-art'; such divisions have no meaning to the people, who see all their 'art' as functional, either directly as a usable artefact or indirectly as a way of communicating with spirits or the gods, or the weather, or whatever. It all has significance, meaning and function, and many peoples simply could not understand our concept of 'art' as being something separate, or special, or non-functional.

For many years, art was seen as something which began with modern humans in Europe, i.e. with the first portable art and cave-drawings of the last Ice Age. None of this has stood up to scrutiny. First, every continent now has 'art' of equal antiquity, with Australia having the world's oldest dated rock engravings (more than 40,000 years, if the AMS dates are correct); and, even more important, it is now clear that 'art' occurs well before modern humans. This was already known for decades, since a Neanderthal burial from south-west France was found covered by a stone slab with a series of little 'cupmarks' (small round hollows) carefully arranged on it. But this was always dismissed by the archaeological establishment as a freak, a 'one-off', which could not hold a candle to the wonders of later cave-art like Lascaux and Altamira.

Now, however, we not only have growing numbers of examples of simple Neanderthal 'art' of different kinds, but we have examples of even earlier occurrences. The most striking is a little pebble of volcanic rock, found at Berekhat Ram, an open-air site on the Golan Heights, Israel, in the 1980s. Its natural shape resembles a woman, but there are grooves around the 'neck' and down the 'arms', and the problem was whether these lines were also natural or humanly made. Microscopic analysis by American researcher Alexander Marshack has now proved them beyond all doubt to be artificial, so this pebble is unquestionably a 'figurine', an art object – yet it dates to at least 230,000 years ago, and possibly much more. So here, once again, we have clear evidence of

cognitive activity – the pebble's natural resemblance to a woman was recognized, and then deliberately enhanced.

Even if one adheres to the traditional dogma that true art began with the modern humans of the last Ice Age, it would nevertheless still be true that prehistoric art, and 'rock art' in particular, constitutes 99 per cent of art history. It is ironic that most books on the History of Art begin with a token photo of cave art (usually Lascaux or Altamira, neither of which is really representative) or of a female figurine (usually one of the really obese ones, which are equally unrepresentative), before moving on to the more familiar ground of Egypt and Greece. Yet Lascaux, at about 17,000 years ago, lies at the halfway mark in the history of art – and of course, in the light of the Berekhat Ram figurine, one could say that Lascaux begins the 'very late phase' of art history!

Prehistoric art not only has a huge timespan but also comprises a vast array of types and topics, from scratches on bone to wonderful polychrome paintings, from simple finger-markings on clay to sophisticated three-dimensional sculptures. So one can find everything and anything in it that one wishes; thus, those humbugs and their gullible readers, who in the 1970s proclaimed that there was evidence of extraterrestrials or ancient astronauts in the archaeological record, even found images in rock art that looked (to them at least) like spacemen!

It is fairly obvious from what we know of 'primitive' art today that prehistoric art must have been multipurpose – encompassing games, myths, narratives, graffiti, messages, creation myths, and religion. Not all of it is necessarily serious and earnest, displaying terror of the supernatural; much may be rather a celebration of life, a reflection of fun and frivolity. Some of it is public, on open view out-of-doors; some is intensely private, hidden away in recesses or deep caves. But despite this flagrant diversity, many people who study rock art – or even just Ice Age art – have an inherent tendency to put single, all-encompassing explanations on it. In fact this happens in every aspect of archaeology and it is perhaps an inbuilt fault in scholarship that as soon as one stumbles upon what seems like a good idea (usually borrowed from someone else, preferably in another discipline), there is an irresistible urge to apply it to everything in sight, and subjugate every aspect of a supremely diverse phenomenon to a steamroller interpretation.

The chosen interpretations tend to reflect contemporary obsessions and prejudices – at first prehistoric art was thought to be mindless graffiti or play activity, 'art for art's sake'. Then at the turn of the century, as accounts began to appear about what modern 'primitive' peoples did, some simplistic ideas were applied quite uncritically to prehistoric art – most notably that it had a magical purpose to help with hunting or fertility. In the 1950s, French structuralism led to new ideas about cave art having a definite and recurring structure, while the 'swinging 60s' saw a proposal that the animals in the caves were sexual symbols; the Space Age led to a focus on possible lunar notations and

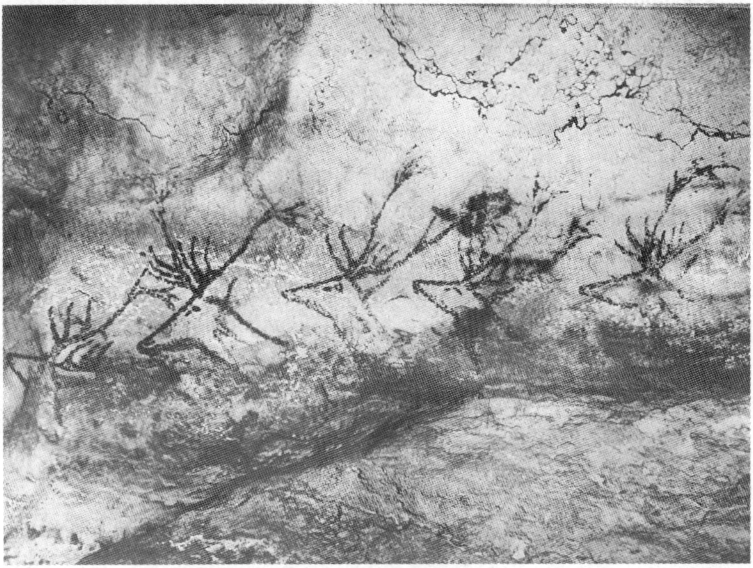

Cave painting, from Lascaux, France

other astronomical observations being perceptible in some prehistoric art and monuments. The Computer Age inevitably led to a view of rock art as being like a series of giant 'floppy disks' or CD-Roms, with information being recorded there for storage and instant recall. The currently fashionable theory that rock art consists largely of trance imagery seems to be the direct legacy of the drug culture of the late 1960s and 1970s, with its attendant interest in mysticism and shamanism, hallucinogens, altered states of consciousness, and so forth, culminating in the massive literature of the 'New Age'.

Regardless of these interpretations, all of which probably hold some truth, the fact remains that only the artist can tell you what the art represents and what its purpose was. We cannot be sure of anything. In a famous experiment, an Australian scholar asked some Aborigines to identify some animals in a rock art panel – their identifications differed markedly from those reached by western zoological reasoning: out of 22 images, the western scholars had been wrong about 15, and only superficially right about the other 7! But since we have no prehistoric informants, and shall therefore never have access to the original meaning of the art, we can only try to assess what it seems to depict and what its significance might have been.

Rock art was certainly used at times to record and transmit information. Things become far easier for the cognitive archaeologist where real scripts are concerned. But first they have to be deciphered. This is a highly specialized skill, requiring a very particular kind of analytical mind. There have been some notable pioneers, such as Champollion who first deciphered ancient Egyptian hieroglyphics (helped enormously by the discovery of the Rosetta Stone which had identical texts in Egyptian and Greek). In this century, one major figure – venerated all the more because, like some pop stars, he died young at the peak of his fame – was Michael Ventris, an architect who declared in 1952 that he had deciphered Linear B, an early script from the Aegean, as an archaic form of Greek (although the script was found on Crete, there is no truth in the tale that one tablet read 'It is a small thing but Minoan'). He was met – like most pioneers – not by congratulations but by indignant howls of denial from fellow specialists. This is par for the course in all branches of archaeology – as is the fact that when, soon afterwards, a whole library of Linear B tablets was unearthed in Greece, translations of which fully confirmed Ventris's claims, the experts were left with no alternative: they accused the excavator and Ventris of forgery!

Don't imagine that decipherment is a dying art – it is still very much alive and kicking. It is only in the last few years that the complex Maya script of Mesoamerica has begun to be properly understood after a century of cumulative research efforts, and the far rarer '*rongorongo*' script from Easter Island, which only survives on 25 pieces of wood, has been cracked – at least in terms of its structure and general content – within the past couple of years. But there is still plenty of work to be done, and the still undeciphered Linear A (of the Aegean) and the Indus script (of ancient India and Pakistan) are still major challenges for enthusiasts who wish to tease their brains.

Once texts can be read, they can obviously provide a great deal of valuable information about cognitive aspects of the past – for example, the inscriptions from Classical sites, or the first writings by colonizers, etc. However, as with history as a whole, the written word should always be seen as a complement to archaeology, never a substitute for it – this is especially true for ancient societies where writing was used for very restricted purposes, and literacy was the prerogative of an élite minority. In Classical Greece, on the other hand, literacy was widespread, and writing touched nearly all aspects of life, both private and public, so texts can provide considerable insights – for example, in identifying deities and myths in art (without Classical literature, most scenes in Greek and Roman art would mean very little to us); but, as ever, texts also incorporate biases and lack completeness.

An entire area of cognitive archaeology is taken up with archaeoastronomy – the study of ancient knowledge of celestial phenomena. As mentioned above, there may well be lunar notations from the last Ice Age (the phases of the moon would certainly have been the principal way that ancient peoples could measure the passage of time), but the subject really comes into its own in later prehistory with the phenomenon of monuments aligned on significant astronomical events such as the rising of the midwinter or midsummer sun. From the prehistoric megalithic monuments of western Europe to major buildings in the Central and South American civilizations, there are definite alignments which demonstrate a profound knowledge of, and importance attached to, the movements of the heavens.

Megalith, incidentally, is from the Greek for 'big stone' (as opposed to microlith, another important term in archaeology, used to describe very small stone tools). The simplest form of megalith is a single standing stone, like those which Obelix carries around in the Asterix comic strip –

The entry to New Grange, Ireland. Note the 'window' above the doorway through which the sun shines at dawn on the winter solstice in France and elsewhere, the correct term for such a stone is 'menhir'. In Europe, such menhirs are sometimes arranged in rows and groups or 'alignments', while in Britain, especially, they form circles or ellipses. Many of these are thought to have astronomical alignments, though it is not always possible to be certain, since there are so many things in the heavens that the chances are high that a circle of regularly or irregularly placed stones will be aligned on something significant quite by chance. Nevertheless, a number of professional astronomers in the 1960s and 1970s dazzled the largely innumerate archaeological world with complex calculations and jargon designed to prove that prehistoric people had capabilities so profound that they could construct megalithic computers – e.g. Stonehenge was a massive, accurate eclipse predictor!

Once these excesses had been debunked, the field was left open to more rational minds who have devoted a great deal of time and effort, in the face of enormous initial scepticism which was gradually transformed into a somewhat grudging acceptance, to prove that many of the European circles are indeed roughly but purposely aligned on astronomical phenomena, presumably for calendrical purposes, so farmers would know when to plant crops, and when to harvest (or should one assume that they could manage this without giant stone calendars?).

One of the main proponents of this view, a Scottish engineer, Alexander Thom, also made accurate plans of the British circles, and believed that a standard unit of measurement had been used in their layout – what he called the 'megalithic yard', or 2.72 feet. Although it is difficult to make accurate measurements in such monuments – the stones are often crude and irregularly shaped, so how do you know where to place the end of the tape-measure? – it is now generally accepted that a standard measurement was probably used. However, the most likely explanation is that, rather than resorting to sophisticated mathematics, the monument builders simply used the human pace to put their stones in place.

People too were put firmly in their place in early societies, as in today's, and this can be seen through the existence of symbols of power – ranging from giant statues of rulers (Mount Rushmore) down to rich clothing or body decoration (designer labels, diamond earrings), all of them essentially useless but considered valuable by the élite. Rare or precious materials are usually a giveaway, as are fine objects that are beautifully made but could never have been used for their apparent purpose (friable axes, sheet-bronze shields, wafer-thin stone spear-points). Burials containing such prestige goods can plausibly be interpreted as those of rich and/or powerful people, and serve to underline the hierarchy in society. The ultimate examples, of course, are the incredibly lavish tombs of rulers known in all the major civilizations – from Ur and King Tut to China's Terracotta Army and Peru's lords of Sipán – and the imposing art and architecture associated with the élite in these and other cultures. One can never be a hundred per cent certain of anything in the past, such as a simple equation of wealth with status (after all, today's incredibly wealthy rulers of Saudi Arabia are buried with nothing), but by and large it seems sensible to assume that those with rich graves were comfortably off in life too. It's important to note that the deposition of objects with the dead does not necessarily indicate any belief in an afterlife – in some cultures, it brings bad luck for someone to use a dead person's possessions, so these are buried with the deceased. The presence of food in a tomb, however, is a pretty clear indication that its occupant is expected to have a chance to take a snack after death, in the next world, and thus points to some kind of religious belief. The same is true if one finds the deceased is accompanied by servants who have been purposely slaughtered to continue their jobs for ever in the afterlife – a pretty rotten deal all round for the workforce.

Religion was often used in these societies as another means of maintaining the status quo, but its recognition in archaeological material is not always an easy task, especially where it is embedded in everyday activities. There are, however, a number of obvious clues to

SORRY, NO MORE 'AFTERLIFE' JOB OPPORTUNITIES. PLEASE TRY AGAIN TOMORROW!

look for – such as a special building set apart for sacred functions, special fixtures like altars, and the paraphernalia of ritual such as gongs, bells, lamps, and so forth. Water is often involved in rites, so pools or basins may be of significance; and the sacrifice of animals or humans could be practised. Cult images and symbols can be apparent, together with depictions of people in what looks (to our eyes) like an act of adoration, while votive offerings of food or objects (often broken or hidden) may be found. Finally, important religious buildings or centres are often associated with great wealth in contents and decoration.

Any of these items on its own will not tell one very much, but if a number of them are found together, in a single archaeological context, then a cognitive archaeologist is on reasonably solid ground in interpreting the evidence as involving a cult usage. The same applies to whole collections of rich objects found in special circumstances, such as the Iron Age weapons thrown into the River Thames, or the great hoards of metalwork in Scandinavian bogs, or the huge quantities of symbolically rich objects (and people) thrown by the Maya into the cenote (well) at Chichén Itzá. It is highly unlikely – though theoretically possible – that all this material ended up in the waters through carelessness rather than through ritual deposition.

All in all, therefore, cognitive archaeology can make some valid assessments of minds which are long vanished from this earth. In other areas, however, it requires enormous optimism, and involves a triumph of mind over matter. At its best, it provides stimulating hypotheses based on historical or modern information – especially from the accounts of the Conquistadors or early missionaries and colonizers – or on careful deductions from the material remains themselves. At its worst, however, it is filled with wishful thinking, particularly where attempts to interpret prehistoric art are concerned: it produces 'just-so stories', sheer fiction thought up to explain the material remains, and through which the authors reveal themselves to be frustrated novelists.

Chapter 6
Settlement and Society

Humans have always lived in a variety of types of site, from dungheaps to palaces, and it is an important aspect of archaeology to determine what kind of settlement people occupied. It is only after discovering this basic information that one can move on to more complex questions involving the type of society they lived in.

But what exactly is a 'site' in an archaeologist's view? Basically, it is any spot on the landscape with detectable traces of human activity, or what an archaeologist believes to be human activity. So if you find some flint tools in a ploughed field, or stone axes in the Sahara, the spot automatically becomes a site. Of course, not all sites are dwelling places – for example, they may be butchering areas, or quarries for raw materials, or burials, or monuments, or rock-art sites, or sacred places where worship took place occasionally. Dwellings, even short-term ones, tend to have a diagnostic collection of traces: not only artefacts but also 'features' (i.e. non-portable elements), structures, and a range of organic and environmental remains. In particular, one would usually expect to find a fireplace – home is where the hearth is, after all.

Occupation sites range from minor scatters of artefacts denoting a brief encampment of a few hours to the enormous 'tells' or mounds in the Near East where the remains of successive towns or cities are piled up on top of each other and span thousands of years. In order to ask the right questions of the material, and to devise the means to answer them, one needs to assess the size or scale of the society, and what its internal organization was. There is little point in searching for signs of complex centralized organization in an early hunter-gatherer camp! So the first step requires examination of individual sites, and of the relationships between them, i.e. the 'settlement pattern'.

Archaeologists love to divide their data into different categories, for the sake of simplicity and to make the huge morass of information more manageable. Where chronology is concerned (Chapter 2), they tend to go for three-part systems such as Early/Middle/Late, or Lower/Middle/Upper. For societies, however, a fourfold classification tends to be used, each associated with particular kinds of site and settlement pattern. As with all archaeological terms – such as 'handaxe', 'Upper Palaeolithic', 'Neanderthal', 'Greek vase', 'Beaker Folk', or whatever – the names are descriptive, hypothetical, and completely artificial with little basis in reality; but they do serve as a convenient shorthand so that other archaeologists know to which period, or type of object, or kind of society you are referring.

The four very broad categories are: Bands, Segmentary Societies (sometimes called 'Tribes'), Chiefdoms, and States. As with archaeology's chronological divisions, these are simply arbitrary points in a continuum, and it is often very hard to assign a culture to one rather than the next, since some features appear before others. Just as nobody in the Ice Age said, 'I'm bored with the Middle Palaeolithic, isn't it about time we started the Upper?', it is likewise hard to imagine an early farmer announcing to his neighbours: 'I just want to warn you that, as from the next full moon, I intend to assume the powers of leader, and transform our cosy little segmentary society into a modern, thrusting chiefdom at the cutting edge of progress.'

1. Bands denote small-scale societies of hunters, gatherers, and fishers, usually numbering less than 100 people. They often move around with

the seasons, exploiting primarily or exclusively wild resources, so their sites tend to be seasonally occupied camps, together with smaller, more specialized activity areas such as kill or butchery sites, or work sites for making tools, often of stone.

Depending on their surroundings, they live in cave entrances or rock shelters, or construct temporary shelters of organic materials such as wood, bone, or hides. The base-camps are generally more substantial than the temporary or specialized sites. This kind of settlement is associated with the Palaeolithic period of the Old World, and the Paleo-Indian period of the New.

2. Tribes are larger than bands, numbering up to a few thousand people, and they tend to be settled farmers, though some are pastoralists with a mobile economy. Either way, their life is based primarily on domesticated resources, plants, and/or animals. They occupy settled agricultural homesteads or villages, which collectively form a settlement pattern of fairly evenly spaced sites of similar size – in other words, there is no settlement that appears to dominate. This kind of system is associated with the first farmers of both the Old and New World.

3. It is in Chiefdoms – which normally range between 5,000 and 20,000 people – that the first real signs of different social statuses become apparent, though some rich graves are known even from the last Ice Age. They are based on a ranking system, with prestige determined by how closely related one is to the chief, so there is no true class structure as yet. It is the chief who is the linch-pin of the whole system, employing craft specialists, and redistributing to his retainers and subjects the offerings of crafts and foodstuffs that are periodically paid to him (it is usually a he). Naturally, chiefs and their relatives or chums tend to have very rich grave-goods buried with them.

Chiefdoms generally have a centre of power, with temples, chiefly residences, and craft specialists. This permanent 'ceremonial centre', designed for ritual, is a central focus for the population, but it is not a city with a bureaucracy: those are features that are associated with the fourth and last stage.

4. Early States are hard to differentiate from chiefdoms, but the ruler (now a king or queen, sometimes deified) now has authority to establish laws and enforce them with an army. Society is now stratified into different classes, with the farm-workers and poor urban dwellers at the bottom, the craft specialists somewhere in the middle, and the priests and relatives of the rulers at the top. Of course, taxes are paid (in the midst of life we are in debt), so inevitably a bureaucracy is required in the central capital to administer such things: the complex redistribution of tribute and revenue to government, army, and craft specialists is one of the crucial features.

Archaeologically, one can identify an urban settlement pattern, with cities playing a prominent role – typically a large population centre with more than 5,000 inhabitants, and containing big public buildings and temples. One can often perceive a settlement hierarchy, with the capital at the heart of a network of subsidiary centres and small villages.

Archaeologists normally obtain their information about settlement pattern from a thorough study of what has already been found in an area over the years. However, in *terra incognita*, or in a region where a really thorough picture is required, the solution comes from a survey: i.e. having a territory (or a representative sample of it, if its size is excessive or if time and funds are insufficient) walked systematically by a team (usually of long-suffering students or volunteers) in order to record all archaeological traces that are visible on the surface. The concentrations of material, and their type, give some indication of the kind of sites involved, their size, time-span, and number – and, in some cases, of the hierarchy of settlements. They may be given provisional labels such as regional centre, local centre, village, hamlet, homestead, base-camp, or specialized activity area.

Some archaeologists have extended this approach to cover whole landscapes. For them, especially where mobile groups are concerned, it is no longer sufficient to locate an individual site, or even a series of sites. They also indulge in what has become known as 'off-site' or 'non-site' archaeology (unkind tongues have been known to refer to these as 'offside' and 'non-sense' archaeology), seeking the sparse scatters of artefacts – perhaps only one or two, if that, in a 10 metre square – that occur between the recognizable sites, in order to emphasize the fairly obvious fact that hunter-gatherers move around in, and exploit, entire landscapes and are liable to use and lose artefacts all over the place.

Naturally, the task of assessing settlement and society is far easier for those periods and cultures where we have written documents or even maps – these can answer many of the questions we might have about society and settlement. For example, we have thousands of early tablets or documents from the Near East, Egypt, China, the Aegean, and the Classical World detailing relationships between different sites and regions, as well as aspects of the economy – offices of state, commercial transactions – as well as of laws, royal edicts, and public announcements. From the Sumerian society of Mesopotamia, for example, we have hundreds of tablets from temples that list fields, the crops harvested in them, craftspeople, and dealings in goods such as grain and livestock. Bureaucrats have always been sticklers for keeping records.

At the other end of the scale, in sites left by mobile bands, the only record available is the archaeological one. In living areas delimited by the walls of a cave or rock shelter, the occupation deposits may be deep, built up over centuries or even many millennia, so excavation needs to focus primarily on the vertical aspect – the superimposed layers, and how their contents change through time. On the other hand, open-air sites left by hunter-gatherers tend to be far less substantial, with little depth of stratigraphy, so here the horizontal aspect is the focus of attention, tracing the distribution of fireplaces, other features, and artefact clusters.

In rare cases where one can distinguish a single, short phase of occupation at a site, it is even possible to gain some insights into precisely what people did and where, thanks to the location of artefacts, tool-making debris, animal bones, and so forth. In most sites, however, one cannot distinguish single short occupations, and instead excavators recover the accumulated evidence from repeated activities at the site over a period ranging from brief to lengthy, and with possible contributions from predators. However, this has never stopped archaeologists from using the wishful thinking for which they are renowned, and interpreting this material as if it were all from a single moment, frozen in time, like Pompeii or a shipwreck. In fact the same is true for sites from later periods; archaeologists love to conjure up stories to explain the presence and layout of what they find, in very simple terms, even though they know that the processes which created this (incredibly patchy and imperfect) record are hugely complex and usually very gradual.

In segmentary societies, survey and excavation are the basic approaches to locating sites and determining their layout and extent. Usually, in a village, some structures are excavated completely, with others being sampled to gain some idea of the range of variation. Are they all similar dwellings, or are there more specialized buildings? Within the houses, it may be possible to recognize areas for cooking, sleeping, eating, etc, and perhaps zones used by males and by females.

The analysis of grave goods or the degree of elaboration in tombs can reveal much about incipient differentiation in social status in segmentary societies, although it is not always easy to distinguish achieved status from inherited status. However, if children are buried with great wealth, it is a reasonable supposition that they inherited it rather than acquired it.

Another major source of information for these societies is their public monuments – such as the causewayed enclosures and earthen burial mounds of Neolithic Britain. For this period of the first farmers, we have lost most of the settlements because of subsequent ploughing and erosion – by and large, just a few rubbish pits or holes from timber posts have been detected – but nevertheless we can gain some insights into certain aspects of their society from an analysis of the scale and distribution of the monuments. For example, lines drawn halfway between the communal burial mounds (long barrows) divide up the landscape into roughly equal territories, suggesting that each monument was a focal point for social activities and the main burial place for the farming community that inhabited the territory around it. It has been reckoned that a group of 20 people would have needed about 50 days to construct one of these long earthen mounds, which seem to have served egalitarian societies. On the other hand, the enclosures (large circular monuments with concentric ditches) seem to be foci and periodic meeting places for a larger group of people, presumably drawn from several of these small territories – some contain stone axes that came from far-away sources. Each camp required about 100,000 hours of labour, or 250 people working for 40 days. They made their own entertainment in those days. The long winter evenings must have simply flown by . . .

Later, these camps were superseded by 'henges', a new kind of ritual enclosure (circular monuments surrounded by a ditch with external bank) which each required maybe a million hours of labour. This suggests the mobilization of large numbers of people, perhaps 300, working full time for a year or more, drawn from a bigger area. This scale of endeavour and the very existence of such major ritual centres seem to mark the transition from the simple, egalitarian societies of the first farmers to the more hierarchical chiefdoms which followed.

Stonehenge, Wiltshire

An even clearer indication of the rise of chiefdoms is the eventual filling of the landscapes around the henges (including Stonehenge, the mother of all henge monuments, which required 30 million hours to build) by circular burial mounds (round barrows) with rich grave goods reflecting the wealth of the prominent individuals inside them.

Another approach to studying the change from segmentary societies to more complex systems is through craft specialization – this also exists, of course, in band societies and can be seen in the Ice Age, since not everybody could have produced the finest stone or bone tools, or the finest carvings and rock art. In segmentary societies, craft production was primarily organized at the household level, and village sites may be found to contain pottery kilns, or slag from metalworking. However, it is in the more centralized societies of chiefdoms and states that one can see whole quarters of towns and cities devoted almost entirely to specialized crafts – stoneworking, potting, leatherworking, textiles, brewing, metal- and glassworking, and suchlike.

THE LATIN QUARTER? YOU'RE IN IT, PAL!

Where written texts are missing (as in most chiefdoms) or inadequate (as in most states), the hierarchy of sites can only be deduced by archaeological means. For example, a capital city or principal centre can be inferred from its size, and from signs of central organization such as an archive, a mint, a palace and major religious buildings, or fortifications. It can, of course, be difficult to establish the precise function of large and (presumably) public buildings, and they may well have been multi-purpose, since temples, for example, can have a social as well as a religious function. But other aspects of cities are easier to figure out – such as the areas for specialist artisans, or the differences between rich housing and slums. It is an interesting exercise to imagine the city where you live today as an abandoned ruin, with extraterrestrial archaeologists wandering around it, trying to guess what they are looking at: they too would be able to make some basic deductions fairly safely, though they might be thrown by bizarre items like photo booths, multiplex cinemas, and laundromats, all of which might look suspiciously like ritual foci.

One of the fundamental distinguishing features of centralized societies is the disparity between rich and poor, not simply in terms of basic wealth but also in access to resources, facilities, and status: in other words, in social ranking. As mentioned above, one can easily detect differences in residences and material wealth. In addition, people of high status will usually be depicted in reliefs or impressive sculptures, and of course flashy burials, as mentioned earlier, are the 'ultimate' status symbol – on the whole, the rich would not be caught dead in paupers' graves. The conspicuous display of obscene wealth is not a creation of *Forbes* or the *Tatler*, but goes back to the Pyramids and beyond. Always bear in mind that Tutankhamun was a young and minor pharaoh, so what must the treasures buried with the great ones have been like? The mind boggles . . .

Chapter 7
How and Why Did Things Change?

Perhaps the most difficult questions that face the archaeologist are those of 'why'? What brought about the changes that can be seen in ancient societies, in the archaeological record? The plurality, the vast range of present-day archaeology, the splintering of approaches to the human past, are all now reflected in the diversity of contemporary archaeological theory, a diversity which can only be seen as a strength and which is likely to lead to new insights: All avenues need to be explored, even if many of them turn out to be dead-ends. The variety is in part related to the different perceptions and preconceptions of the practitioners. Indeed, archaeology's attempts at explaining the past, and especially the changes in the past, have always varied enormously according to the predilections, politics, and social background of archaeologists, with the emphasis being placed on a single factor such as environment, climatic change, or technology, population pressure, invasions, catastrophes, and so forth.

None of these 'monocausal' explanations has proved adequate, but each probably contains some truth. In any case, different archaeologists are trying to explain different things, depending on the period, the time-scale, the type of site or the problem in which they are interested. Someone dealing with the changing distribution of Ice Age sites is likely to use a different approach from someone studying the clay tobacco pipes of a few centuries ago. So obviously, there is a whole gamut of explanations from which to choose: is one, for example, trying to examine individual events in the past, or short-term episodes, or the long-term picture, archaeology's unique speciality? Such questions could include topics like 'What destroyed this town?', 'What caused this patterning in the archaeological material?', or 'How did food production begin throughout the world?' One needs to choose one's explanation carefully to be sure it will help with the kind of problem under consideration. Fortunately, there are plenty from which to choose.

For many years; most archaeologists were quite content to answer the simpler problems of 'what', 'when', 'where', and 'how', and either ignored the harder questions or brushed them aside with simplistic explanations, focusing instead just on what they considered to be 'doing archaeology'. As Fellini once said, 'I don't know how to ask questions, and even when I do manage to ask an intelligent question, I find I am not really interested in the answer.' Yet he still came up with some pretty good movies (as well as some pretty bad ones, of course). However, in the last few decades, 'theoretical archaeology' has come into its own, particularly in North America, Britain, and Scandinavia, with everything being debated in very abstract terms. Everything had to be made more explicit: all underlying assumptions were laid bare, together with the reasoning that lay behind every stage of the interpretative process.

Other areas, such as Classical or historical archaeology, are still far more orientated towards fieldwork, analysis of texts, and the handling of real evidence. For example, some archaeologists in Germany, where very little attention has been devoted to theory, tend to consider the theoreticians as eunuchs at an orgy (especially as they are most uncertain to have any successors).

Nevertheless, archaeology has always been heavily influenced by theory, whether implicit (or even unconscious) or explicit. For example, the idea of evolution, put forward most clearly by Charles Darwin in his *Origin of Species* in 1859, provided a plausible explanation for the origin and development of humankind which had an immediate impact on the archaeologists of the time, and helped lay the foundations for the study of the typology of artefacts (p. 18). In the social sphere too, schemes of human progress were developed in the 1870s, with both Edward Tylor (in Britain) and Lewis Morgan (in America) proposing that human societies had evolved from a state of *savagery* (primitive hunting) through *barbarism* (simple farming) to *civilization* (seen as the highest form of society). There is sometimes also a fourth stage, that of decadence.

Morgan's work in particular was largely based on his knowledge of living American Indians, and his notion that people had once lived in a state of primitive communism, sharing resources equally, was in turn a strong influence on Karl Marx and Friedrich Engels in their writings on pre-capitalist societies, which later inspired the great twentieth-century Australian-born prehistorian Gordon Childe. In his later work, influenced by Marxist ideas and the (relatively recent) Marxist revolution in Russia, Childe put forward the idea that in prehistory there had been a 'neolithic revolution', that gave rise to the development of farming, and a later 'urban revolution' which led to the first towns and cities. Childe was one of the first archaeologists who really cared to tackle these thorny topics of precisely why and how things happened and changed in the past, even though he was also a supremely gifted synthesizer of data, fully at home in the more traditional pursuit of establishing chronologies and typologies. The answer to this apparent paradox may lie in his eccentricity and his wholly unconventional approach to life: only dead fish always swim with the stream.

In America, one of this century's most influential thinkers was anthropologist Julian Steward, who brought to explanations of culture change his understanding of how living cultures work. He focused not only on how cultures interact with each other, but also on how the environment could cause cultural change – what he called 'cultural ecology'. The British prehistorian Grahame Clark, from the 1930s onwards, also developed an ecological approach which departed from the traditional artefact-dominated archaeology of his contemporaries; his emphasis on how human populations adapted to their environments led him to collaborate with all kinds of specialists who could identify plant and animal remains and reconstruct past environment and subsistence in great detail. This pioneering work laid the foundations for an entire branch of modern archaeology.

By the 1960s, this kind of 'scientific' archaeology was well established, and with the rise of absolute dating methods (Chapter 2), dates could often be assigned very rapidly, and were no longer one of the principal aims of research. So it was possible to move on to, or devote far more attention to, really challenging questions rather than simply chronological or cultural ones. This is where dissatisfactions came to the surface: in a movement reminiscent of well-off teenagers rebelling against their complacent parents, some 'angry young men', especially in the American Midwest, began to denigrate the way archaeological research was being conducted, and especially – with some justification – the simplistic explanations being imposed to explain patterns in the data, such as migrations, invasions, diffusion, or vague 'influences'. Stone tools or pottery types had almost come to be seen as synonymous with peoples, moving around and interbreeding to produce new types and patterns. Naturally, migrations and invasions did indeed take place in the past (for example, the original colonization of the Pacific Islands), but they were probably not as frequent, or as straightforward to recognize in the archaeological record, as used to be thought.

The most vehement rejection came from what came to be known as the 'New Archeology' (note the American spelling), or – because of its emphasis on processual interpretations or the study of the different processes at work within a society – 'Processual Archaeology'. Leaving aside the personalities involved – who are now, ironically, themselves paunchy greybeards and considered outdated and boring by the younger generations – what were the positive aspects of this episode in archaeology's development? First, it encouraged scholars to be more optimistic (or even idealistic) about the kinds and quantity of information that could be extracted from the material traces of the past. It led to all stages of archaeological reasoning being made more explicit, so that an idea should no longer be accepted simply because X, a recognized authority or venerated master of the subject, had put it forward. Every argument must be based on a framework of logic, and on sound, testable assumptions. Above all, the emphasis was placed firmly on explanation rather than description. Instead of the simple devices of earlier archaeology (influences, migration, etc.), cultures were analysed as systems and subsystems. Great attention was devoted to relations with the environment, with subsistence and the economy, and to interactions between different social units: how different aspects of society worked and how they fitted together to help explain developments through time, and from there help establish 'regularities' of general applicability in the archaeological record.

Much of this, of course, was the natural extension of what had already been set in motion by Steward, Clark, and many other pioneers, together with the new contributions of the hard sciences and computer technology in all areas of analysis, as well as ideas imported (not always successfully or felicitously) from geography, philosophy of science, ecology, etc. In the desperate search for novelty, in fact, New Archeologists pulled in so many varied concepts from anywhere and everywhere that inevitably there were some useful nuggets among the dross and the obvious. Archaeology became like a giant sponge, soaking up and integrating bits and pieces of ideas and techniques from a whole ocean of disciplines.

Unfortunately the New Archeology's mock battles against the 'traditionalists' resembled nothing so much as the black-and-white world of party politics – rallying to the flag and criticizing everything said and done by one's opponents. Theory became a personal badge, chosen as one might choose a party or church. It meant enlisting with a group, and theories began to have groupies rather like pop stars do. The New Archeologists formed an 'in-group', so everyone else was automatically relegated to an 'out-group' – hence the vociferous condemnation of the principles and practice of the traditionalists, despised primarily for their alleged lack of theory and their unscientific approach. Yet, as Stephen Jay Gould has pointed out, silence about theory does not connote an absence of theory. The young New Archeologists failed to grasp that there are different ways of doing archaeology, all of which are legitimate and to some extent valid.

Their aggression and viciousness – not only to their opponents but also (and especially) to each other – were appalling: if you have a weak point, shout! But the two features of the New Archeologists that caused the most offence were their opinionated and patronizing arrogance, and their obscurity of language – both were unfortunate, since they masked a basic, desperate sincerity and considerably lessened the influence of the positive aspects of the approach. Jargon was all-pervading, and treated as a substitute for thought – excessive verbiage usually hides a basic lack of real information. They did not just express their ideas poorly, they simply – in many people's view – had nothing to say, and they said it, very loudly and repeatedly.

All the intemperate boasting and bullying caused hilarity when the crunch came – it is always funny to see a show-off fall flat on his face. Naturally some good came out of it all, but if you nail your colours to an ideology that goes bottom up (as they all do), you don't emerge unscathed. Over time, the anger died down, as the protagonists realized that there were no miraculous universal laws of human behaviour to be extracted from archaeological data, other than blindingly trivial and obvious ones (the most famous example was that, 'as the population of a site increases, the number of storage pits will go up'), and that most of

New Archeology had failed to live up to its numerous promises of a bright new, 'scientific' tomorrow in the reconstruction of the past. Excited and rebellious youth inevitably matured into the pragmatic realism of middle-age. For the vast majority of archaeologists – especially outside Britain and North America – it was 'business as usual'. The dogs barked, and the caravan passed.

However, the inevitable also happened, and the 'New Archeology' was soon superseded, and denigrated in its turn, by even newer approaches, and by younger Turks desperate to say something different and make their mark. Processual Archaeology was dismissed as being 'scientistic' or 'functionalist', relying on ecological explanations, and overly concerned with utilitarian aspects of life. We now have a plethora of approaches, and the subject is awash with polemical discussions between positivists, structuralists, post-structuralists, and so on *ad nauseam*.

In particular, an approach called 'Post-processual' or Interpretive Archaeology has arisen, incorporating influences from literary studies and from various areas of history and philosophy. It rejects the generalizations that seemed to be a goal of the New Archeology, and instead lays emphasis on the uniqueness and diversity of each society and culture. In addition, it asserts that the objectivity that was another goal of the New Archeology is unattainable, and rightly stresses that there is no single or correct way to interpret the past or to undertake research. In consequence each observer is entitled to an opinion about the past, which leads inexorably to a situation of 'anything goes', where the views of the ill-informed, the charlatan, or the science-fiction writer have to be considered as valid as those of a well-informed specialist! There is also a new focus on the symbolic and cognitive aspects of the past (see Chapter 5), the ideas and beliefs of past societies, and on the actions and thoughts of long-dead individuals, with determined attempts to 'get inside their minds' – not exactly an easy task.

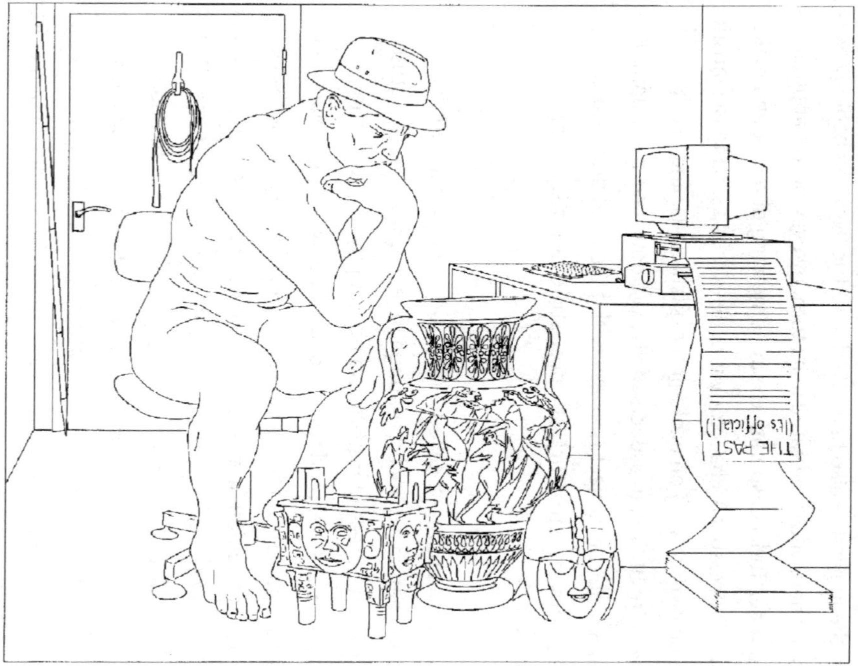

The Reality Gap (I): How some archaeologists would like others to see them (and as they would like to see themselves) . . .

The Reality Gap (II): . . . and one view of archaeologists as they really are

One important point to bear in mind when considering theoretical archaeology is that nobody is ever likely to be entirely correct about any aspect of the past – and in any case, how would we ever know whether we were right or not? Knowledge is just a variably tested guess, and the words proof, truth, and objectivity do not apply in the world of guesses. We work merely to increase the confidence we can place in those guesses. Archaeology deals in degrees of probability, and it is fairly obvious that a sensible hypothesis based on reliable data is *likely* to be closer to the mark than something fanciful conjured up out of thin air, unsupported by the evidence (an Utterly Groundless Hypothesis, or UGH! for short).

Another crucial thing to remember is that theoretical archaeology should not be taken too seriously – it's easy to laugh at those who do become obsessed with it: in fact, it's essential. The worst part is that so many of them seem to become grumpy and bitchy and have forgotten what a great, extravagant, glorious treat it is to be in archaeology.

But ironically, after years of dry, abstract quarrels, increasing numbers of theoreticians are now turning to fieldwork, and the explanations being put forward to account for change in the past are becoming far more complex and incorporate numerous factors (they are termed 'multivariate explanations'); as a result they are probably far more realistic. Even so, we will never manage to recreate the 'real past' which was infinitely varied and complex. The best we can do is hope to elucidate some of the principal factors and influences at work, just as historians do.

Cynics have argued that much theoretical archaeology simply consists of techniques to find unsurprising answers to obvious questions which nobody had the time, tools, or inclination to ask before. Since much of this abstraction can never be applied to actual archaeological evidence but only to idealized models and computer simulations, and cannot be conveyed in meaningful language or in interesting terms to the layman

(Chapter 9) the foundations of the subject become totally neglected. The theorists of archaeology often produce beautiful and very convincing stories marred only by the fact that they do not bear the remotest resemblance to the truth or to the real world of archaeological data with which lesser mortals are trying to grapple.

Chapter 8
Minorities and Sororities

Until quite recently, archaeologists were seen – or at least saw themselves – as harmless and innocent seekers of information who could do nothing but good to the areas or countries where they worked, through bringing the past to life and recalling former glories. Since the 1970s, however, they – and anthropologists – have been vilified from all sides, which has come as something of a shock to them. They have had to face accusations of racism, Eurocentrism, neocolonialism, grave-robbing, and male chauvinism (not necessarily all at once, or in that order). The salad days are over; archaeology has come down to earth with a thud, and has had to make a long, tough, and critical examination of its practices and aims.

In the past, by and large, archaeologists – within the context of colonialism or Western dominance – felt they had the right to work or dig anywhere they pleased, to disturb the dead, and to remove human remains and sacred material to museums without the slightest permission from or consultation with local peoples, who at best were employed as guides and labourers, and at worst were totally ignored. Now, however, some indigenous groups have become not only vociferous but also powerful, especially in North America and Australia/New Zealand, and are making demands.

Some of these demands, such as the simple courtesy of consulting the local peoples and seeking their permission, advice, and help, are perfectly reasonable. As one Native American said at a conference on 'reburial' in 1989, 'You only had to knock at the front door and ask. Why did you climb through the window and steal?' Most archaeologists and anthropologists also go along with the return of recent human remains belonging to known individuals, or of particularly sacred objects (such as the war gods of the Zuni of the American South-West, which were clearly rifled, since the Zuni would *never* have consented to their removal).

The problems are arising where native demands are more wide-ranging and encompass *all* human remains (including extremely ancient specimens) or entire artefact collections. In some cases, they even reach ridiculous extremes; in the USA, for example even naturally shed strands of human hair now being recovered from archaeological sites are proclaimed by a few Native Americans to be human remains (and hence sacred), and their return has been demanded!

The Good, the Bad, and the Unethical

When I first began to study archaeology in the early 1970s, it was still a self-important and self-satisfied discipline, carried out primarily by people from the 'Top Nations' who investigated more or less whatever and wherever they chose, with only warfare and natural hazards as barriers to their free-ranging activity. I cannot recall ever encountering a word about ethics in either lectures or literature at that time. Knowledge was obtained and promulgated with an eye first to the community of archaeologists (career-advancement, peer-respect), then to the educated public, and finally – if ever – to the rest of humanity.

Ironically, archaeologists, as we have seen, not only treated artefacts as people (p. 68), with stone tool industries or pottery styles interbreeding or migrating, but also treated human remains as artefacts. Nobody sought to obtain permission from 'the bodies concerned'. Even those

The grave of a whole human skeleton with gilded spurs, at Mikuleice, southern Moravia

who espoused the 'empathetic' approach, of trying to put themselves into the minds of the long dead, saw no contradiction in their treatment of burials simply as sources of information. As Sir Mortimer Wheeler, a great empathizer, said in a television interview:

> I don't believe in disturbing rest . . . that's a mere sentimental tradition. No – if you dig up a man with bowls and things around him . . . they were dead. They had been dead a long time . . . and they were going to be dead a long time . . . they're still dead. But round them were all sorts of possessions, which were of interest to us. They helped us to put a little piece of our history into perspective, which we otherwise wouldn't have had, and so on. They enable us to reconstruct the world, and the history within which we live. And I think that's worthwhile. We do no harm to these poor chaps. When I'm dead you can dig me up ten times for all I care . . . I won't haunt you – much.

Or, as an old archaeological joke has it, 'If I should die, think only this of me, that I am an extended inhumation with grave-goods of phase B.'

By the end of the 1970s, however, the first rumblings of displeasure began to be heard from native peoples in North America and Australia, and from ultra-orthodox Jews in Israel, concerning the disturbance, study, and display of ancestral human remains. The past twenty years have seen a radical transformation of the situation, in which a once-esoteric problem has become big news and a major issue. The return of collections by museums in Australia and North America, and the holding of conferences on the problem, reveal how ethics and past misdeeds have swiftly moved to centre stage in archaeology.

In both Australia and North America, the indigenous populations were treated appallingly by the white man who generally meant them no harm, apart from wishing to take their country from them! The increased political power of the native populations over the last few decades has led to their focusing attention on the wrongdoings of the colonial period, including countless cases of sacred or burial sites being desecrated by archaeologists and anthropologists. The Aborigines and Indians were seen as laboratory specimens, and the fate of all their material – both human remains and artefacts – in numerous museums has taken on great symbolic significance. There is no single, unified indigenous tradition even within one country, since the native peoples have wide-ranging attitudes towards the dead. But since the moral case is unassailable, archaeologists have begun to right the wrongs as best they can, by returning a great deal of material for reburial or safekeeping. Codes of ethics have also been adopted in various countries, acknowledging archaeology's obligations to respect and consult with the living people whose ancestors' lives are being studied. The future lies in a mixture of acquiescence, negotiation, compromise, and the involvement of native peoples at all stages of the investigation. Working relations have improved, and there are growing numbers of indigenous people who now appreciate the contribution that archaeology can make to their history and the reconstruction of their culture.

The phase of conflict in this issue now seems to be over, and mutual respect and co-operation appear well established, except in Israel, where militant, ultra-orthodox Jews still object violently to the alleged desecration of graves. Orthodox protesters try to stop excavations by placing themselves inside burial caves, intimidating archaeologists on site, and harassing them at home by phone and mail. Excavators have been known to work at night, and send diversionary teams to 'dummy digs' to distract attention from the real site. Orthodox political parties have vowed to continue their protests over the 'defiling of our fathers' graves', and archaeologists have already had to agree to the immediate reburial of any human remains found during a dig, even though this prevents any anthropological investigation.

Corpse and Robbers

It is a fact worth repeating that by no means all past disturbance of the dead was carried out by archaeologists, nor was it limited to the remains of foreign native peoples, and some early archaeologists did have fine and noble intentions. Grave robbing, sometimes called the 'world's second oldest profession', has always been rife; in Egypt, for example, the twelfth-century BC pharaohs had to appoint a commission to inquire into the wholesale plundering of tombs in the Theban valley. Of the ordinary rock-cut tombs of Egypt, 99 per cent were looted in antiquity, and we are left with those whose contents were not worth the risk or the effort. Not a single royal tomb escaped completely, not even King Tut's.

In North America the phenomenon was under way in the time of the Pilgrims, who saw Indian grave goods as 'rotting in the ground for no good reason', and whose reaction, recorded already in 1610, was to 'liberate' the objects by robbing the graves: grave-robbing could be justified as a religious act, helping to eliminate a heathen superstition. Yet they knew that the Massachusett Indians, for example, considered it impious and inhumane to deface the monuments of the dead.

Conversely, most archaeologists do not deserve to be abused as racists and robbers. Some early excavators may indeed have been little better than looters, but the professionals of today cannot be classed with the plunderers of the past. And in any case, many burials are encountered unexpectedly and accidentally through erosion, construction and so forth, which leads to 'rescue' or 'salvage' excavations.

Human remains and burials have certainly been of major importance in the history of archaeology, but they are still only a small part of what archaeologists study. We know of more archaeological sites today than could be investigated by all living archaeologists in several lifetimes; and there is a huge backlog of unpublished excavations and material in museums and institutions. There is really no excuse for research excavation of burials today, and they have largely ceased in many parts of the world – as mentioned above, salvage excavation is now the source of most archaeological encounters with the dead. So the basic questions to be tackled are: how should salvage be carried out, and what is to be done with the remains already unearthed and curated?

The main anthropological objection to reburial of skeletal material is that no analysis is ever definitive, and that new techniques will be developed which will extract more and different types of information from the remains. This is certainly true (although it's cold comfort for the dead); but the new techniques will involve either external features (in which case a good cast should be just as instructive as the original) or internal features (such as genetic material), for which a small sample should suffice – hence, one compromise might be to keep a tooth or bone fragment from each skeleton. In any case, there will always be many thousands of skeletons available for study, which are preserved in museums around the world and which nobody wishes to rebury. In more sensitive areas, such as North America and Australia, where indigenous views on the issue vary widely, many local communities are in favour of some analysis of remains. Supplies of new specimens will not dry up, as salvage excavations will certainly continue and even increase as the pace of development and construction intensifies. So the reburial of some collections is probably less of a blow to 'Science' than it might at first appear.

Archaeology is no different from other disciplines in that it has responsibilities, and archaeologists should not ride rough-shod over other minorities. Their basic dilemma is how to reconcile a respect for the people of the past with deliberate disturbance of their remains, destruction of their tombs, and removal of their bodies and grave goods. In some ways the reburial issue is a complex problem, involving many factors, and working out the solution, timetable and details in each case can certainly be tricky. But on the whole, archaeology has been reformed – it has undergone not so much a 'loss of innocence' on this issue, but rather a realization of guilt. If bad doctors bury their mistakes, then good archaeologists should rebury theirs.

In the past, archaeologists tended to treat all objections to their research as being based on ignorance and violating some inherent and inalienable right to pursue their work wherever and however they wished. They prized their autonomy, and protected it ferociously, resenting being preached at about anything, and endeavouring to practise their profession unsupervised. Now, however, they have had to accept that other groups have legal claims on, or valid interests in, the material that archaeologists wish to examine. They are no longer the only guardians of the relics of the past, and their work carries great social implications.

Cherchez la Femme

It has been claimed, with no little justification, that archaeology has traditionally been androcentric (male orientated) not only in its basic terminology (e.g. 'early man'), but also in its emphasis on what have been thought of as male activities, as evidenced by hunting techniques and tools such as projectile points; and so it has been argued that archaeology must explicitly fight against gender-bias both in its professional practice and also in its interpretations. One hopes that we have progressed from the tone set by J. P. Droop in his book of 1915, *Archaeological Excavation*, which argued against females on excavations, since one could not in moments of stress give vent to one's true feelings in the presence of ladies! As he wrote:

> I have never seen a trained lady excavator at work . . . Of a mixed dig however I have seen something . . . before and after the excavation I thought [the ladies] charming; during it however . . . their charm was not seen . . . Marriage apart, and I can imagine a man conducting a small excavation very happily with his wife, mixed digging I think means loss of easiness in the atmosphere and consequent loss of efficiency . . . moments . . . will occur . . . when you want to say just what you think without translation, which before ladies . . . cannot be done.

Yet, even in more recent times, women have not had an easy time of it in professional archaeology. As Anna Shepard said:

> I am well aware that most people consider that a girl is not fitted for field work. As far as the 'discomforts' and 'hardships' of camp life are concerned I think the idea is a joke . . . Nevertheless because of this general belief a girl must show some special qualification to get any chance in archaeology. And the opportunity to work into field work through laboratory work has seemed the most practical.

The explicit emphasis now being placed on gender studies is therefore welcome not only for its attempt to create a much greater awareness of

THE SPHINX IS A MAN!
THE SPHINX IS A WOMAN!

the need to extend gender equality into all aspects of contemporary life, including academia, but also for the substantial contribution that it is making to our understanding of how ancient societies may have worked. However, what is called 'Gender Archaeology' is actually feminist archaeology – sisters are doing it for themselves.

The avowed aim is to focus on gender (in the sense of social and cultural, rather than biological, distinctions between the sexes) in the archaeological record. But despite assurances to the contrary it is clear that the major aim is not so much to reclaim women and men in non-sexist ways in prehistory, as to make women visible in the past. A perfectly laudable aim, and one that is highly fashionable at present, with books proliferating on Women in Prehistory, in Ancient Egypt, in the Roman period, in the Viking period, or any other era. Part of the 'feminist' approach to the past, whose goal is to shed new light on hitherto neglected aspects of the archaeological record, this phenomenon is accompanied by an ever-increasing number of conferences around the world, usually organized by or starring the same cast of characters. Although billed as concerning 'gender in archaeology', these events concentrate overwhelmingly on the female gender, and are attended by a host of female archaeologists, plus a few brave males who perhaps aspire to political correctness. The very word 'gender', therefore, is in serious danger of being hijacked, like the word 'gay' before it.

In the past the (predominantly male) authors of books or papers on archaeology routinely used the words 'man' or 'men' to mean all of humankind. One can understand that this now looks distasteful to some women (although many female archaeologists continue to use the terms, even in North America), but it was not generally done through overt sexism. I doubt if it ever occurred to the American archaeologist Robert Braidwood that his book *Prehistoric Men* (1975) could be seen as sexist. Women were, at worst, not specifically mentioned in such works, and in most cases were simply included with the men as 'people' – or, in the French literature, as 'les hommes'. (For example, a book published in 1995 by a fairly young, liberated female French archaeologist was entitled *Les Hommes au temps de Lascaux*!) Such terms did not mean males only. The new batch of books, however, is specifically omitting the male gender, which seems a deliberately sexist thing to do. The crucial difference is that between a sin of omission and one of commission.

It is true, and worth stressing, that scholars have often treated some activities as exclusively male – notably hunting, stone toolmaking, and rock art – whereas ethnography shows that women often do these things too. Male scholars either were ignorant of this fact, or chose to ignore it, and the result was a skewed version of the past. But the feminists themselves, far from shunning this practice (while justifiably complaining about it), do exactly the same by ignoring or brushing aside examples of men carrying out 'female' activities. In any case, the realization that women made stone tools will hardly produce compelling insights. Tools tell us nothing about gender: even if some future analytical technique were to detect traces of pheromones or copulins on a stone tool, or blood residues that could be identified as male or female, this would merely tell us which sex was the last to touch it; it would reveal nothing about which sex made or habitually used it.

Any detailed knowledge we have about which sex did what comes from ethnohistory and ethnography, not from archaeology. There is no alternative to reconstructing the past in this way, combining modern observations with the archaeological data. But how far can ethnography help to 'find' women in the past?

The basic problem is that ethnography can usually provide a number of possible explanations for archaeological data. It has been pointed out that even a rich female burial doesn't necessarily indicate that the occupant had any power; it could merely reflect her husband's wealth (and the opposite is equally applicable to a rich male burial, of course).

In fact it is hard to see how the respective roles of men, women, or indeed children (who are now starting to be noticed too!) could be determined from the tenuous evidence provided by archaeological excavation. The most important message of gender archaeology is that archaeology is about people – not just about men, and not just about women either.

It is utterly laudable to wish to do away with the sexism inherent in much traditional archaeology, to make people more aware of the presence and importance of women in past societies, and to produce studies focusing on women in different periods. However, in swinging away from past androcentrism, the pendulum is in danger of going to the other extreme; sexism rubs both ways. As Albert Camus once wrote, 'the slave begins by demanding justice and ends by wanting to wear a crown. He must dominate in his turn.'

The proper antidote to male chauvinism about the past is an egalitarian and neutral archaeology, not a feminist archaeology. If, as the proponents claim, they are not simply trying to make women visible in the archaeological record, is a 'feminist archaeology' needed at all? There is still a long way to go, but the *real* way forward is a balanced, non-sexist archaeology rather than a feminist kind, which is just the flip-side of the traditional coin.

Chapter 9
Presenting the Past to the Public

Archaeology's ultimate goal – if it is to have any meaning or justification – must be to convey its findings not only to students and colleagues, but above all to the public which generally footed the bill for the work and paid the salaries. Yet one still finds examples of archaeologists who are too busy to do this, or who, amazingly, do not even feel any necessity to waste their time on it. Quite recently, one of the Austrian professors who, not through any expertise but simply by being in the right place at the right time, by chance became responsible for studying the prehistoric Alpine 'Iceman' found in 1991 (one of the few archaeological finds that really interests the man in the street!) wrote that 'informing the public about his results is not really his job' – an astounding and outrageous statement for any publicly funded academic to make.

Of course, the presentation of the past to the world at large is a big responsibility, especially as it cannot be done objectively. We used to think that it could, that it was simply a matter of laying out our finds with some explanatory texts in glass cases or in books for the public's delectation. However, in recent years, as archaeologists have indulged in intense self-examination thanks to the interest in theory (Chapter 7) and thanks to being attacked from all sides (Chapter 8), they have come to realize that, through their choice of artefacts, themes, and approaches, they are constantly projecting messages that reflect their own prejudices and beliefs, or those of their society, religion, politics, or of a general world view – all under the influence of the archaeologists' own backgrounds, upbringing, and education, their social status, their interests, teachers, and friends, their political and religious beliefs, and their alliances and enmities: all these things colour their version of the past, while the actual evidence often takes a back seat.

To take just one example of how an individual's beliefs can have major ramifications, consider the story of Gabriel de Mortillet, one of the greatest French prehistorians. Born in 1821 to an old established family of Catholic monarchists, he was placed at the age of 9 in a Jesuit college. This experience greatly affected the development of his faculties, increased his already great nervous tension, and aroused in him a lifelong hatred of clerics and religion: the cane and whip were still in vigorous and enthusiastic use! As a young adult, his socialist, republican activities led to his being pursued by clericalists and monarchists alike, and he had to take refuge outside France. Eventually he became a prehistorian, and, back in Paris in 1864, founded the *Matériaux* (the world's first journal devoted to the subject) – at a time when research into the antiquity of humanity was still frowned upon by the Church. He was fighting for a fine and just cause. Unfortunately, he also had an appalling personality; he was aggressive and ill-tempered, and often academically dishonest, with a taste for personal vendettas, petty revenge, and violent language, and was unable to tolerate the slightest contradiction. The various journals he created later, usually aimed at destroying rival publications, were shockingly partial, publishing and overpraising the work of his pupils and allies, and ignoring or denigrating other scholars. He was indifferent to all new theories because he believed that if they did not fit his own they were wrong. Eventually, his argumentative and tyrannical nature caused a vacuum around him, since he had closed his mind and thought himself infallible.

Although many of de Mortillet's personality defects are still to be found among leading archaeologists today, it is his antagonism to the Church which is most relevant here because of its profound and lasting effects.

Altamira cave painting: Standing Bison

Although a champion of evolution, he never considered that religion might have evolved like stone tools, or that it might be a natural product of the human mind – instead he obstinately stuck to the belief that it was a deceit, a swindle invented and propagated by priests in the neolithic period. Since burial was generally associated with the existence of religious ideas, he decreed, against all the evidence, that there were no inhumations before the Neolithic, and every single palaeolithic burial encountered was systematically rejected as being intrusive from later periods. Until his death his best-selling books on prehistory maintained the bizarre notion that for hundreds of thousands of years before the Neolithic people were entirely bereft of the slightest trace of religion.

Even more serious was his reaction to Ice Age cave art: perhaps it was too reminiscent of frescoes in temples or churches! He immediately cast doubt on its very existence, and, when the first claims for the painted ceiling in the Spanish cave of Altamira were put forward in 1880, it was de Mortillet who warned colleagues that this was a devious plot by anti-evolutionist Jesuits to discredit prehistory. This not only led to the cave's contemptuous rejection and a twenty-year delay in the acceptance of cave art, but also was a major cause in the premature death of Sanz de Sautuola, the Spanish landowner who made the claims for Altamira and who, to his horror, was dismissed as naïve or a fraud.

A second major error that arose from de Mortillet's anti-clericalism occurred ten years after his death in 1898. In 1908 the famous Neanderthal skeleton of La Chapelle-aux-Saints was found in France by three priests. Rather than send it for study to the anticlerical École d'Anthropologie, founded by de Mortillet, they entrusted it to the laboratory of Marcellin Boule, a decision which had the gravest consequences for our view of Neanderthals. Boule was greatly influenced by the views of Albert Gaudry, his own teacher, patron, and friend, who did not believe that Neanderthals could be ancestral to modern humans; and so, although aware that the La Chapelle skeleton was an old man whose spine displayed evidence of osteoarthritis, Boule nevertheless claimed that the remains proved Neanderthals could not walk fully erect but were shambling, stooping creatures. Thanks to his overwhelming dominance in the field, the skeleton was not re-examined in detail until the 1950s, and his reconstruction was thought to be so definitive that many other Neanderthal remains were not even reconstructed or reported in any detail, an illustration of the dangers of excessive reliance on the opinions of influential individuals – an understandable but irritating tendency in all aspects of the subject, even today.

So once again a fixed idea about the human past – in this case, that Neanderthals were subhuman brutes – can be traced back to the interaction of personal alliances and antagonisms. Research, and the interpretation and presentation of the past, are inseparable from their social background and the cast of players. One always needs to bear in mind where scholars are 'coming from' and where they are trying to 'get to' in their work and their careers, in order fully to understand the kind of 'accepted fiction' they choose to produce about the past.

But who, then, defines the past that is presented to the public? In Europe's older museums, nineteenth-century views and interpretations still persist in many displays. But much effort has been made in recent has been made in recent years, at least in the West, to root out the worst colonialist, racist, and sexist preconceptions. Artefacts are more often presented not in isolation, as works of art, but in their historical context, or in didactic displays showing their function. Museum studies, over the past twenty years, have become an important discipline in their own right, and the complexity of the issues involved in selecting and displaying material to the public has become very apparent.

A fine balance needs to be struck between instructing and entertaining; the dusty, deadly dull museum displays of yesteryear badly needed replacing, but the other extreme needs to be avoided – that of simplistic, sanitized, theme-park versions of the past. The vast majority of archaeological writing still consists of dry tomes, filled with jargon and hot air, and aimed at other scholars; but there is an ever-growing need for what has been called '*haute vulgarisation*' or well-informed popularization, i.e. accessible and readable syntheses that will appeal to the layperson or beginner without loss of content or accuracy. Such books look deceptively simple, but are in fact extremely difficult to pull off, I'm delighted to say – otherwise I would be out of a job. Alas, the more gullible members of the public (and they seem very numerous, judging from sales) constantly fall prey to misguided or downright fraudulent books which spin them ridiculous yarns about ancient astronauts, lost super-civilizations, and so forth.

Other media are also becoming increasingly involved in the exercise. Many countries in Europe, as well as the USA, produce outstanding glossy colour magazines for the public (but still of use to students and specialists) which are devoted to global archaeology. For some reason, Britain – despite massive public interest in the subject – has never managed to produce a successful journal of this kind, and currently has only two magazines devoted to British archaeology and, unfortunately, another aimed specifically at antiquities dealers.

Television and video productions have also become a major vehicle for presenting the past to the public, and consistently achieve high viewing figures, even when the programmes are terrible. The best programmes are those which not only transport the viewing public to places which they may never be able to afford to see, or to which they can never have access, but also present the evidence in a balanced and sober-but-enthusiastic way, avoiding gimmicks and the reckless promotion of sensationalist theories.

Excavators often regard members of the public as a hindrance to their work, but the cannier ones realize the potential financial and other perks to be gained from encouraging the interest of the man in the street. So they organize open days, information sheets, media coverage where possible, and sometimes even fee-paying tours. In Japan, on-the-spot presentations are given as soon as a dig is finished, and details are given to the press the day before, so that the public can read about it in the local morning paper before attending the presentation – as they always do in droves.

There is clearly an avid public appetite for archaeology, which has been a form of entertainment since the early digging of burial mounds (Chapter 1) and the public unwrapping of Egyptian mummies in the last century. The entertainment now has a more scientific and educational form and purpose, but still has to compete with rival popular attractions if archaeology is to thrive or even survive – if public funding were to dry up, so would most archaeology.

We are now in the age of mass tourism and the 'Heritage Industry', and

PUBLIC
MUMMY
UNWRAPPING
TODAY!
STREET URCHIN
REQUIRED!

the site often presented as the epitome of how to entertain and instruct the public is the Jorvik Centre in York, northern England. Here, the excavators not only encouraged visits from the public during work on the Viking remains in the late 1970s (a total of half a million visitors over five years), but went on to reconstruct part of the site, complete with streets and houses as the heart of a new museum which is one of the most popular and financially successful to have been created on an archaeological site anywhere in the world. The Centre is located beneath a modern shopping complex. Electronic cars take visitors 'back in time' past thatched houses, workshops, and ships. In and around these structures are lifesize, fibre-glass figures of people in Viking period costume, while a soundtrack provides the noisy atmosphere of a busy street, with adults and children speaking authentic Old Norse, and even appropriate smells have been included, such as around the pigsties and latrine (especially popular with young visitors, as are the scratch-and-sniff postcards). The cars then pass through a simulation of the excavation, and the visitors reach the finds-display and giftshop via a mock-up of a laboratory showing how artefacts and organic remains are studied.

This Centre therefore plays a very important role in presenting a particular site and period to the public, as well as in explaining the sequence of archaeological discovery and interpretation in an imaginative new way. Financially, the Centre has supported new excavations in York, and its success – with over 8 million visitors in the first ten years since its opening in 1984 – has led to similar displays being created in other British towns and other countries. The French replica of Lascaux Cave (necessary since the original can no longer be subjected to mass tourism), opened in 1983, likewise receives several hundred thousand visitors every year, though here, alas, their hefty entrance fees do not contribute to local archaeological research.

The fundamental dilemma of the Heritage Industry is how to balance the paramount requirements of conservation with the public's basic right to see and visit its own patrimony – in other words, how to gauge the known or potential effects of mass tourism on archaeological sites. As archaeology has grown more popular, in tandem with the advent of easy air travel, so a number of towns, regions, and even whole countries – such as China, Peru, Mexico, or Egypt – have become very heavily dependent on archaeological tourism. According to the United Nations, tourism will be the most important activity in the world by the year 2000: it already accounts for 6 per cent of all jobs. This trend is healthy in some respects, since public awareness and enjoyment of archaeology are crucial to the discipline's survival and development in these times of financial stringency, but there are unfortunate consequences. Above all the risks of damage and deterioration, as mentioned earlier; but also the fact that the sites and even the tourists themselves can become targets for terrorism, as has occurred in highland Peru and the Nile Valley: it has proved easy to scare away huge numbers of tourists in this way, and hence – with little effort – have a major impact on the country's economy. For example, by 1995 attacks by Islamic Fundamentalists had cost the Egyptian government at least $2 billion in lost tourist revenues, one of the main sources of hard currency for the country's ailing economy; while the massacre of 58 tourists in Luxor in 1997 has already lost Egypt a further $700 million. Politics can be a thoroughly unpleasant bedfellow for archaeology, as was seen so clearly in the misuses of archaeology by Stalinist Russia and Hitler's Germany.

However politics in archaeology can occasionally be a gentlemanly affair. For example, Charles McBurney, who taught the palaeolithic period at Cambridge University, used to relate how, as an officer during the last war, he had ordered his men to set up camp by a wadi in North Africa – a wadi he had selected because of its Pleistocene terraces. While the men were working, he set off along these terraces, searching for palaeolithic tools. After a while he looked up and noticed that, on the terraces at the other side of the wadi, there was a German officer doing the same thing! 'So we waved to each other, and carried awn!'

The fact is that modern archaeology, as we have seen throughout this book, has many facets and plays many roles; but it can be manipulated by an unscrupulous few for their own ends, as well as by the majority of *bona fide* scholars who wish merely to investigate the past and convey information to a willing public. It only remains, therefore, to look ahead and speculate about the archaeology of tomorrow.

Chapter 10
The Future of the Past

> Historians are left forever chasing shadows, painfully aware of their inability to reconstruct a dead world in its completeness.
>
> (Simon Schama)

Although archaeology is 'a thing of the past', it is still a very young discipline, many of whose basic techniques and theories are recent developments, and as it grows and matures it will certainly continue to flourish and change. In part this will be due to new and major discoveries: not only the spectacular ones which appeal to the tabloids, but also the more modest contributions to our view of the past, such as an earlier date for an event or a cultural phenomenon. The 'joy of archaeology' and its excitement come from these new advances, as well as from the treasures and information aready accumulated, coupled with the knowledge that our picture of the past is constantly changing and will never be finished. For example, the best book synthesizing information on Australian prehistory, Josephine Flood's *Archaeology of the Dreamtime*, has had three editions in only 12 years, and the latest one bears little resemblance to the first, so great and fast are the changes in our knowledge of that country's prehistory. Other topics, such as the origins of humans, or simply of modern humans, are changing so fast that books are out of date before they are published.

It is likely that most of the big discoveries of the future will come from chance finds like the Iceman or the Chauvet Cave, because there will almost certainly be a steady decline in research excavations (as opposed to 'rescue' or 'salvage' excavations which will go on increasing with the growing pace of road construction and urban development). This is partly because new techniques as yet unimagined will increase our ability to 'see' beneath the ground without having to remove it (this is useful since it is the removing of it, by careful, painstaking excavation, which is so very expensive in time and funds); partly through the need to study the immense backlog of excavated material that remains unanalysed and unpublished around the world, causing our museum store-rooms to burst at the seams, or the need to ask new questions of already studied material; and partly because of the growing and urgent need to conserve what we already have, rather than uncover more sites that remain safe beneath the earth.

Indeed conservation will become one of the major foci of the whole subject, as we try to preserve the vast quantities of sites, structures and artefacts, and the millions of known rock art images in the world. Many of the most famous sites are already under tremendous threat – the Sphinx from climatic extremes as well as seepage of sewage water from nearby slums; Tutankhamun's tomb from cracking and the damage caused by floods in 1994; Mohenjodaro, in Pakistan, from erosion and salt corrosion; the Acropolis in Athens from pollution and from climatic change which has caused a black fungus to grow deep within the marble; and the Roman aqueduct in Segovia, Spain, from car pollution, harsh weather and even swift droppings! Dedicated teams from The Getty Conservation Institute of California, or the World Monuments Fund, are making tremendous efforts to preserve and consolidate sites and monuments from all periods and all parts of the world, but even the Getty's apparently limitless resources are but a drop in the ocean when one considers the vast amount of money required to save everything. Hard choices will therefore have to be made (not only in choosing which things to conserve, but in deciding whether to give the money to archaeology at all, rather than to what, in some people's eyes, may be far more deserving or urgent causes) and major efforts continued to record the more vulnerable items such as rock art, inscriptions, and so forth.

At the same time, new technology will come to play an increasingly important role: for example, in the recording of rock art, video cameras and computer enhancement are coming into frequent use, images will be stored using digitization, and the use of a new standardized scale (issued by IFRAO, the International Federation of Rock Art Organizations), which combines measurements with some basic colours, will enable the precise original colours of photographs to be reconstructed by computers in the future, long after the slides or negatives have faded, as they all will. This is a different kind of conservation.

However, the major threats to archaeological sites and material come not so much from natural deterioration or neglect but from damage wrought by humans in a variety of ways. As we have already seen (p. 93), the constantly growing popularity of archaeology also has negative consequences, and mass tourism brings the risk of 'loving archaeology to death' as increasing damage is caused to sites by millions of feet or lungs, quite apart from the (mercifully far rarer) damage caused deliberately by vandals or, less purposefully, by warfare or wargames: for instance, the military have done great damage during exercises on Salisbury Plain and in southern France. As the threat of a Cold War recedes, they unleash their tanks and firepower on prehistoric burial mounds.

But there is another, far more destructive factor, which has been with us for millennia (e.g. the tomb-robbers of ancient Egypt, p. 80) but which has exploded in recent years – the looting of archaeological sites by those who dig for monetary gain, searching only for saleable objects and generally destroying everything else. Warfare can help them enormously, as for instance in Lebanon, where the hostilities led to the mass looting of the country's antiquities, and thousands of tons of artefacts were secretly

shipped out by militiamen and unscrupulous dealers. The great structures of Angkor Wat in Cambodia deteriorated rapidly during the conflicts there, owing to the prolonged interruption of maintenance, but also to massive looting during Pol Pot's regime. Afghanistan's national archaeological museum, outside Kabul, is still being repeatedly shelled and ransacked as factions fight it out in that country.

The saddest aspect of this looting is the loss of information when finds are cut off from their original context. The objects may be beautiful in our eyes, but the information they could have provided is incalculable. It is like the difference between seeing captionless photographs of unknown people from the last century, and seeing pictures with full explanatory texts regarding date, subject matter, and so forth. The former may be occasionally striking, or pretty, or interesting (e.g. for the fashions being worn), but one gets infinitely more from the captioned images. This is what the collectors of antiquities fail to grasp – they know the price of everything and the value of nothing.

It is certainly modern collectors who are the true villains of the piece. One cannot really blame impoverished peasants in the Third World for seeking 'valuable' objects in the ground, knowing that they can earn more to feed their families from selling one good find than from a year of hard work. But in other countries such as Britain and America there are well-organized professional gangs of looters, who are not only equipped with hi-tech gadgets, but also well armed. If there was no ready market, if the doors were effectively closed – as they were for the ivory trade a few years ago – then prices would fall, markets would disappear, and the trade might decline. As it is, however, it is booming, despite stringent laws applied by some countries. In China, for example, thieves can be executed for looting ancient tombs and smuggling antiquities out of the country, yet vast quantities of material are haemorrhaging into its Hong Kong region at a rapidly accelerating rate and from there to collectors around the world: for example, thieves ransacked 40,000 ancient tombs in China in 1989 and 1990 alone; and in the first half of 1994, customs officials seized $5.5 million worth of smuggled artefacts in Hong Kong, four times the total for the whole of 1993, and yet only a tiny fraction of the loot is being intercepted. In 1997, Chinese customs seized more than 11,200 smuggled antiquities, and about 6,000 in the first half of 1998; conversely, in 1998 3,000 antiquities discovered by British customs in 1994 were returned to China.

It has been said, quite correctly, that 'collectors are the real looters'. Many collectors try to justify their activities by claiming that, without them, all these beautiful *objets d'art* would not be preserved, and that museums do not have the resources to look after their collections properly. There is some truth in both these views, but it is outweighed by the ugly little fact that it is the market and the astronomical prices paid for objects to decorate Swiss apartments or Manhattan mantelpieces which ultimately feed the looting monster, and which cause tens of thousands of ancient tombs and other sites to be ransacked and annihilated every year. Even museums are being plundered now, with objects that are published (and could never be put on open sale) being stolen apparently to order – presumably for some sad, selfish, crackpot megalomaniac to gloat over in private, as he or she strokes a white cat and dreams of dominating the world, or perhaps of getting a life.

The brighter and more democratic side of archaeology's popularity' is the blossoming of heritage centres and museums around the world, with interactive computer terminals; ultramodern displays that are striking and didactic and fun; places where one can do some kind of experimental archaeology; and even 'hands-on discovery centres', offering 'a chance to meet an archaeologist' (don't all rush at once). Holograms are already appearing in the wealthier museums, and virtual-reality technology is being developed that enables people to visit sites that no longer exist (such as the medieval French abbey of Cluny) or that cannot be opened to mass tourism (such as the Ice Age decorated caves of Lascaux and Cosquer). Eventually, therefore, a great deal of archaeological tourism will be done at home, from an armchair, and this will relieve the pressure on sites, although increasing tourism and the ever-broadening horizons of tourists are always putting pressure on new areas.

All of these things are in their infancy, and were unheard of just a decade or two ago, so in view of the extreme acceleration of this new technology it is impossible to imagine what the future will hold for archaeology in this domain, or in those of new dating methods, or satellite reconnaissance, or in genetic clues to the origins and development of humans and their domestic plants and animals. There will certainly be even more reliance on the expertise of boffins. It is a fair

bet that the trend of doing more with less (p. 12) will go on, while there will probably be a growing emphasis on historical archaeology in countries where the indigenous communities object to, or need to be consulted about, new fieldwork on prehistoric material (this has already happened in Australia and elsewhere).

What we can say with some certainty is that the archaeology of the future will be more anonymous, continuing the trend away from big personalities and 'characters' that we have already seen through this century. The navel-gazing will undoubtedly continue, amid the growing awareness of the weakness of our basic assumptions, and of the fact that other groups of people also have claims on the remains of the past – the militant actions of some minorities (Chapter 8) will spread rapidly to other parts of the world such as South America and Africa.

Yet archaeology, as long as it can go on 'delivering the goods' and hence earning its public funding and support, will continue to flourish, because it remains the *only* subject that can study 99 per cent of the human past. Only archaeology can tell us about the really fundamental events in our past – when, where, and how humankind arose in the first place; the development of art, of technology, of writing; the origins and spread of agriculture, of complex societies, of urbanization. These are just a few of the huge variety of topics being actively investigated by researchers all over the world, and much remains to be done in every domain, to fit more pieces into the vast jigsaw puzzle of the human record. With its uniquely long-term view archaeology is our only means of seeing the 'big picture'. If we want to know where we're going, we need to trace our trajectory, to see where we've come from. That is why archaeology is so important.

Further Reading

If you would now like to delve further into the wonderful world of archaeology, here are a few books that should meet your needs and direct you on to a vast library of further reading (especially the references given in Renfrew and Bahn 2000).

AITKEN, M. J. (1990), *Science-based Dating in Archaeology*. Longman: London and New York.

BAHN, P. G. (ed.) (1995), *The Story of Archaeology: 100 Great Discoveries*. Barnes & Noble: New York/ Weidenfeld & Nicolson: London. (Heavily illustrated volume presenting archaeology's 'greatest hits' and something of its amazing diversity and versatility.)

—— (ed.) (1996), *The Cambridge Illustrated History of Archaeology*. Cambridge University Press: Cambridge. (The history and development of the subject, all over the world.)

—— (1999) *The Bluffer's Guide to Archaeology* (revised edition) Oval Books: London. (A humorous introduction to the subject.)

—— (ed.) (2000), *The Penguin Guide to Archaeology*. Penguin: London.

—— (ed.) (2000), *Atlas of World Archaeology*. Cassell: London.

BARKER, P. (1993), *Techniques of Archaeological Excavation*. (3rd edn.) Batsford: London/Humanities Press: New York. (The best introduction to British excavation methods.)

COLES, J. M. (1979), *Experimental Archaeology*. Academic Press: London and New York.

COURBIN, P. (1988), *What is Archaeology? An essay on the nature of archaeological research*. University of Chicago Press: Chicago. (A detailed critique of the 'New Archeology'.)

DARK, K. T. (1995), *Theoretical Archaeology*. Duckworth: London. (A useful student textbook of theory.)

FAGAN, B. (1995), *Time Detectives: How archaeologists use technology to recapture the past*, Simon & Schuster: New York. (Case-studies showing the variety and scope of modern archaeology.)

—— (ed.) (1996), *The Oxford Companion to Archaeology*. Oxford University Press: New York.

GREEN, E. L. (ed.) (1984), *Ethics and Values in Archaeology*. Free Press: New York.

MCINTOSH, J. (1999), *The Archaeologist's Handbook*. (2nd edn.) Thames and Hudson: London.

PARKES, P. A. (1986), *Current Scientific Techniques in Archaeology*. Croom Helm: London and Sydney.

PURDY, B. A. (1996), *How to do Archaeology the right way*. University Press of Florida: Gainesville. (An American approach to excavation.)

RENFREW, C. and BAHN, P. G. (2000), *Archaeology: Theories, Methods and Practice*. (3rd edn.) Thames and Hudson: London and New York. (A brick-like textbook covering all the major aspects of the subject, including everything in this book, in great but readable detail.)

“牛津通识读本”已出书目

古典哲学的趣味
人生的意义
文学理论入门
大众经济学
历史之源
设计，无处不在
生活中的心理学
政治的历史与边界
哲学的思与惑
资本主义
美国总统制
海德格尔
我们时代的伦理学
卡夫卡是谁
考古学的过去与未来
天文学简史
社会学的意识
康德
尼采
亚里士多德的世界
西方艺术新论
全球化面面观
简明逻辑学
法哲学：价值与事实
政治哲学与幸福根基
选择理论
后殖民主义与世界格局

福柯
缤纷的语言学
达达和超现实主义
佛学概论
维特根斯坦与哲学
科学哲学
印度哲学祛魅
克尔凯郭尔
科学革命
广告
数学
叔本华
笛卡尔
基督教神学
犹太人与犹太教
现代日本
罗兰·巴特
马基雅维里
全球经济史
进化
性存在
量子理论
牛顿新传
国际移民
哈贝马斯
医学伦理
黑格尔

地球
记忆
法律
中国文学
托克维尔
休谟
分子
法国大革命
民族主义
科幻作品
罗素
美国政党与选举
美国最高法院
纪录片
大萧条与罗斯福新政
领导力
无神论
罗马共和国
美国国会
民主
英格兰文学
现代主义
网络
自闭症
德里达
浪漫主义
批判理论

德国文学
戏剧
腐败
医事法
癌症
植物
法语文学
微观经济学
湖泊
拜占庭
司法心理学
发展
农业
特洛伊战争
巴比伦尼亚
河流
战争与技术
品牌学
数学简史

儿童心理学
时装
现代拉丁美洲文学
卢梭
隐私
电影音乐
抑郁症
传染病
希腊化时代
知识
环境伦理学
美国革命
元素周期表
人口学
社会心理学
动物
项目管理
美学
管理学

电影
俄罗斯文学
古典文学
大数据
洛克
幸福
免疫系统
银行学
景观设计学
神圣罗马帝国
大流行病
亚历山大大帝
气候
第二次世界大战
中世纪
工业革命
传记
公共管理
社会语言学